博物館と地方再生

－市民・自治体・企業・地域との連携－

金山喜昭著

駅前博物館通り

同成社

はじめに

　博物館法によれば、博物館とは「歴史、芸術、民俗、産業、自然科学等に関する資料を収集し、保管し、展示して教育的配慮の下に一般公衆の利用に供し、その教養、調査研究、レクリエーション等に資するために必要な事業を行い、あわせてこれらの資料に関する調査研究をすることを目的とする機関」のことを指す。

　この博物館法は、教育基本法や社会教育法を受けて策定されたことから、教育委員会が所管する教育行政の一部に位置づけられている。しかし、実際には教育行政にとどまらず、一般行政の部局（首長部局）の文化や観光、地域振興などのように、博物館の目的は多岐に及んでいる。そして、所管部局にかかわらず博物館の機能は基本的にほぼ共通することから、本書では地方公共団体が設置する公立博物館を博物館法のいう「博物館」に限定することなく扱う。このため、館名に博物館という名称がついていないもの（資料館や記念館など）や博物館類似施設を含めて扱うことにする。

　1980年代から政府は行政改革により「官から民へ」と、民営化・規制緩和・市場原理の導入、効率化を進めてきた。また、政府は「小さな政府」路線に舵を切り、90年代半ば以降の財政悪化にあわせ、予算と人員の削減を打ち出した。こうした時代の波は博物館にも押し寄せるようになり、公立博物館では人員と予算の削減を行い、一部では指定管理者制度による民間活力の導入がはじまった。

　また、1990年代から2000年代半ばにかけて、政府は大規模な市町村合併を推進した。この「平成の大合併」により、市町村は3,232から1,727に減った（総務省ホームページ①）。合併は、住民の利便性を向上させ、自治体の財政を改善させるといわれた。その効果は簡単に評価することはできないが、公立博物館についていえば、市町村合併を契機に施設の統廃合や指定管理者制度の導入など大きな影響を与えている。

　指定管理者制度が公立博物館に導入された当初は、この制度は公立博物館には不向きだという意見が多くみられた。しかし、10年以上経ってみると、個々

の違いはあるものの、一定の成果をあげている。また、指定管理館を取りやめて直営館に戻したという事例はごく僅かである。それでも、指定管理者制度は公立博物館になじまないとか、指定管理者に対する「否定論」が根強い。その一因は、指定管理館の実態がいまだによく理解されていないからではないか。

　指定管理者制度にはメリットもあればデメリットもある。実地調査をしてゆくなかで、現在の公立博物館そのものが抱えている問題点も浮かび上がってきた。指定管理者制度を導入したことを契機にして、公立博物館のあり方そのものを問い直さなければならないということが判明したのである。もとより、博物館の良し悪しは、直営や指定管理者という運営形態によって一概に決められるものではない。私たちの生き方や生活にとって、公立博物館はどのような存在なのだろうか。そしてこれから先、博物館はどのような方向に向かうことが相応しいのだろうか。

　ところで、2011（平23）年3月11日に東日本大震災が発生した。福島、宮城、岩手の各県をはじめ東北地方の太平洋沿岸部を中心に甚大な被害をもたらした。政府をはじめ自治体、地域が復興事業を進めているが、宮城県石巻市を例にとってみても、依然として以前の生活を取り戻す状況には至っておらず、その見通しは険しい。今でも仮設住宅に8,338人（2016年4月1日現在）の人々が住み、高台移転地を整備するために山は削られ、平地も土木工事の現場と化している。

　それでも、マスコミなどは震災後の復興は着実に進んでいるという。東京という中央から被災地をみると、復興はすでに完了したかのように映し出される。しかし、被災地に行ってみると、現実とは大きく乖離していることがわかる。それは、「なぜ」だろうか。被災地という地方から中央をみると、現実の一部を切り取って中央に伝えていることがよくみえてくる。中央の視座が優先されているために、大都市からは地方の実情を知りにくくなっているのである。このような中央と地方との情報の非対称な構図は、2040年までに全国896の自治体が消滅する可能性を示す「地方消滅」（増田 2014）という発想とも通じている。

　最近、筆者が学生たちとゼミ合宿をしている長野県大鹿村では、リニア新幹線の掘削工事による残土を運搬するために、1日1,700台のダンプカーが村の

生活道路を通ることになった。南アルプスの山麓にある「日本で最も美しい村」連合に加盟する人口1,060人の小さな村である。住民説明会で開発側からは、反対するならば「集団移転すればよいではないか」という発言もあったという。どうせ自然消滅するのだから、今のうちに補償金をもらって都市に移転したらよい、ということだろうか。「地方衰退」は、このような乱暴なムードを生む危険性も抱えているのだ。こうして小規模な自治体は、中央から置き去りにされていくのである。

　同じようなことは、大都市と地方市町村の公立博物館の場合についてもいえる。大規模な自治体の館は、経営資源に比較的恵まれているが、地方の小規模な自治体の館は、厳しい財政事情のもとでの運営を強いられている。実は、日本の公立博物館の多くは地方にあり、各地の歴史、生活や文化を保存・継承していくため一定の役割をはたしてきた。しかし、少子高齢化による税収不足や社会福祉費の増額などのために財政事情はますます厳しくなっている。国も財政難のなかで、地方交付税や補助金をこれまで以上に増額するとは思えない。このままでは、おそらく博物館を継続的に運営することは難しくなる。

　公立博物館に求められるニーズは時代とともに変わりつつある。現在のように急速な少子高齢化が進む社会では、経済成長期に跋扈していた物質的な豊かさよりも、地域における人々のつながりと、一人ひとりの「ライフキャリア」を充実させることが重視される。市民のライフキャリアの充実は、「持続可能な福祉社会」の実現がその前提になる。すなわちこれは、市民・自治体・企業・地域がそれぞれの立場から取り組む課題である。そのなかで、博物館のようなソーシャルインクルージョン（社会的包摂）の考え方とは距離を置いてきた生涯学習機関でも、様々な個人やコミュニティを受け入れる多様性が求められている。

　こうした時代だからこそ、地方の博物館の維持、再生が問われてくる。そのためには、行政ばかりでなく、住民と企業、地域コミュニティが知恵を出しあい、自立することにより博物館を進化させていくことが必要である。

　本書は、筆者自身がNPOの指定管理者として博物館を運営している経験から、全国の指定管理博物館を調査した結果をもとに、その検証をする。さらに、平成の市町村合併後の直営博物館の実情を踏まえて、そこからみえてきた公立

iv　はじめに

博物館がおかれている問題の所在を確認し、その再生論をまとめたものである。

　本書は、Ⅲ部構成から成り立つが、それぞれの狙いや意図は次のようになる。

　まず、第Ⅰ部は、2003（平15）年に行政改革の一環として考え出された、地方自治法の一部改正に伴い、指定管理者制度が公立博物館にも実施されるようになったことに対する検証作業を行う。

　第Ⅱ部は、第Ⅰ部で取り上げた指定管理館と比較するために、従来のように自治体職員が運営する直営博物館の現状を検証する。

　第Ⅲ部は、第Ⅰ部とⅡ部の事例や論考を踏まえて、「持続可能な福祉社会」を実現させるために、博物館もその一翼を担っていくことを提言する。ここでいう「福祉」とは、ケアの福祉という限定されたものでなく、個人の権利や自己実現が保障され、身体的、精神的、社会的に良好な状態を維持する、人々が幸せに暮らすことのできる「ウエルビーイング（wellbeing）や「ウエルフェアー」（welfare）を意味する。

目　　次

はじめに

第Ⅰ部　指定管理博物館の現状と課題・展望

第1章　指定管理者制度とは …………………………………………………*2*

1．政府の規制・制度改革と博物館法　*2*

2．博物館への指定管理者制度の導入に対する見解　*5*

3．野田市郷土博物館を指定管理にする　*7*

第2章　NPO・企業が運営する指定管理館 ………………………………*10*

1．指定管理館の種類　*10*

2．NPO が運営する指定管理館　*11*

3．企業が運営する指定管理館　*23*

4．共通していること、異なること　*31*

第3章　設置者と指定管理者が業務を分担する指定管理館 ……………*33*

1．島根県立美術館と島根県立古代出雲歴史博物館　*33*

2．愛媛県歴史文化博物館　*45*

第4章　指定管理館と直営館の量的データの比較 ………………………*51*

1．アンケート調査　*52*

2．指定管理者を導入した自治体の状況　*53*

3．施設の規模とコレクション数　*55*

4．指定管理館と直営館で共通すること　*56*

5．指定管理館と直営館で異なること　*58*

6．指定管理館の入館者数が多い　*65*

7．指定管理館を評価する　*66*

第5章　NPO指定管理館の成果と課題 ……………………………68

1．利用者サービスを向上させる取り組み　*68*

2．指定管理館の収入状況　*75*

3．職員給与の実態　*82*

第6章　指定管理館の基本的な構造と行政上の留意点 ……………87

1．指定管理館に共通すること　*87*

2．指定管理館の多様性と特徴　*88*

3．設置者の自治体が留意すること　*91*

第Ⅱ部　直営博物館の現状と課題・展望

第1章　行政改革と直営館の現状 ……………………………………98

1．市立博物館の現状　*98*

2．県立博物館の現状　*108*

3．直営館のジレンマ　*111*

第2章　直営館のリニューアルと再生の取り組み …………………113

1．博物館のリニューアル　*113*

2．新潟市新津鉄道資料館の取り組み
　　―ハコモノ施設から博物館に再生する―　*114*

3．リアス・アーク美術館の取り組み
　　―東日本大震災の記憶を伝えるアーカイブ―　*122*

4．中之条町歴史と民俗の博物館「ミュゼ」の取り組み
　　―歴史民俗資料館から脱皮する―　*127*

第3章　市町村合併と博物館の再編 ………………………………135

1．平成の大合併と市町村立博物館　*135*

2．旧市町村館を中核施設に統合する―秋田県大仙市のくらしの歴史館―　*136*

3．公開施設と収蔵施設に仕分ける―山梨県北杜市の資料館再編―　*139*

4．住民による存続運動―島根県松江市の3つの資料館―　*147*

目　次　*vii*

第4章　地域の活性化に向けた自治体と市民の取り組み ……………*153*

　　1．松本市立博物館の住民ワークショップ　*153*

　　2．新潟市西蒲区の資料館の見直し作業　*161*

　　3．住民が史料館を運営する　*168*

　　4．鉄道資料館と商店街の連携とその波及効果　*174*

第Ⅲ部　持続可能な福祉社会をめざす博物館

第1章　「第三世代の博物館」から「対話と連携」の博物館へ ………*188*

　　1．福祉社会の充実をはかる　*188*

　　2．「第三世代の博物館」を評価する　*191*

　　3．「対話と連携」の博物館　*192*

第2章　持続可能な福祉社会と博物館 …………………………………………*194*

　　1．キャリアデザインと野田市郷土博物館の活動　*194*

　　2．ソーシャルインクルージョンとイギリスの博物館　*196*

　　3．"社会的共通資本"になる博物館とは　*200*

　　4．公立博物館の運営を見直すために　*205*

　　引用・参考文献

　　あとがき

第Ⅰ部

指定管理博物館の現状と課題・展望

第1章　指定管理者制度とは

1．政府の規制・制度改革と博物館法

1　規制・制度改革

　戦後、政府は国内産業の保護や育成をはかるために数々の規制・制度を制定した。しかし、その後の高度経済成長により、それらの必要性が失われても存続していたために、経済発展の阻害要因になるとみなされるようになった。イギリスのサッチャー政権時代に生まれたNPM（New Public Management）理論による成果主義、市場機構を活用した競争原理の導入、顧客主義、分権化を基本原理にする新自由主義の政策は、日本政府の経済政策にも影響を及ぼした。1980年代の中曽根政権から規制・制度改革は本格化するが、とくに2000年代に入ってから小泉政権による規制・制度改革はさらに急激に進められた。

　こうして市場主導型の産業のあり方が望ましいと考える競争原理のもとに、規制緩和や民間活力を導入することにより、経済を回復させようとする施策が次々に打ち出されるようになった。指定管理者制度もその一つである。それ以前にも1999（平11）年のPFI法（民間資金等の活用による公共施設等の整備等の促進に関する法律）や、2002（平14）年の構造改革特区（構造改革特別区域法）、その後も2006（平18）年の公共サービス改革法などのように様々な規制・制度改革が行われている。

2　博物館法と自治体の責任

　博物館法とは、博物館について規定している法律である。1951（昭26）年、この法律の制定により博物館はその存在が社会に認知されるようになり、博物館の振興は公的な事業として保障されるようになった。しかし、まだ当時の博物館の実態は厳しいものであった。専門職が不在、施設が未整備などの問題を

抱えていたからである。その問題を打開するために、専門職の員数、施設規模などの数値基準を法的に位置づけることが急務となっていた。博物館関係者たちによる努力や運動の結果、1973（昭48）年11月、「公立博物館の望ましい基準」（通称「四八基準」）が告示された。それは博物館法第8条「文部大臣は、博物館の設置及び運営上望ましい基準を定め、これを教育委員会に提示するとともに、一般公衆に対しても示すものとする」という条文を受けて、文部省告示として定められたものである。

　設置者ごとに、施設の規模、職員数、資料保有点数などが具体的な数字で示された。施設面では、都道府県立・指定都市立は6,000㎡、市町村立2,000㎡とし、総合博物館の場合にはそれぞれ1.5倍程度を確保するという基準が望ましいとされた。また、学芸員数(学芸員補を含む)については、前者が17人以上、後者は6人以上とされた。

　当時の経済発展を背景にして、多くの自治体が博物館を建設したこともあり、この基準は自治体が公立博物館を新設する際の公的な物差しとなり、公立博物館のインフラ整備や学芸員数を確保するために一定の役割をはたし、公立博物館の施設や人員の充実がはかられた。

　しかし、1990年代になると、政府の規制緩和・制度改革の一環として、公立博物館に関係する法律や告示から定量的な規定が撤廃されるようになった。「地方分権推進計画」（1998年5月閣議決定）に基づき、「公立博物館の設置及び運営に関する基準」は1998（平10）年12月に改正となり、学芸員数の基準は次のように改められた。「博物館には、学芸員を置き、博物館の規模及び活動状況に応じて学芸員の数を増加するように努めるものとする」（第12条）。

　これまで数値基準として示されていた学芸員数は、「規制」とみなされて削除されることになった。このことは、設置者である自治体ごとに学芸員数を判断するようになったことを意味する。

　それに続き、2003（平15）年、地方分権改革推進会議の提言等を踏まえて、文部科学省は、「公立博物館の設置及び運営に関する基準」にかえて、「公立博物館の設置及び運営上の望ましい基準」（平成15年文科省告示113号）を告示した。この基準では、施設の総面積に関する望ましい数値についても削除された。さらに、2011（平23）年の博物館法改正や、利用者ニーズの多様化・高度化、

博物館の運営環境の変化等を踏まえ、文科省は、「公立博物館の設置及び運営上の望ましい基準」を全面改正して、「博物館の設置及び運営上の望ましい基準」（平成23年12月20日文科省告示165号）を告示し、新しい基準においても、「博物館に、館長を置くとともに、基本的運営方針に基づき適切に事業を実施するために必要な数の学芸員を置くものとする」（第13条）のように、博物館に関する数値基準を撤廃する方針が踏襲された。

　以上のように、政府による規制・制度改革の流れのなかで、公立博物館に関する法律上の"必置規制"や"定量的な規制"は廃止された。この廃止により、博物館の設置者である自治体の責任のもとで、博物館運営を行う方向性が強まるようになったのである。

3　指定管理者制度とは

　公の施設の管理については、地方自治法の一部（地方自治法第244条の２、244条の４）を改正する法律（平成15年法律第81号）により、2003（平15）年に指定管理者制度が導入された。

　指定管理者制度とは、一言でいうと民間　（民間企業・NPO・財団法人など）が指定管理者となり公共施設を管理運営することができる制度である。しかも、指定管理者は設置者である地方公共団体からの業務を執行するだけでなく、自らが企画立案する自主事業をすることができるし、施設の使用許可などに関する裁量権をもつことから、従来、一部の業務を民間に委託していた警備や清掃などの業務委託とは異なる。日本の行政の歴史にそれまでなかった新しい制度である。

　公共施設については、地方公共団体が出資した外郭団体などが管理運営する管理委託制度があった。外郭団体、出資法人、監理団体などと呼ばれる団体は、自治体が50％以上出資して設立された役所の外部組織のようなものである。ここでは、このうちの公益財団法人、公益社団法人、一般財団法人、一般社団法人を「公設財団法人」と総称することにする。指定管理者制度の導入により、このような団体についても、他の民間団体と同じように扱われるようになった。

　指定管理者を選定するにあたり、自治体は公募により複数の候補者のなかから選定することが望ましいとされる。新規に参入する民間企業などのほかに、

それまで運営していた公設財団法人についても、指定管理者の候補者となり民間企業などと競争することになった。さらに、一度選定されても、一定の指定管理期間が終了すれば、再び応募しなければならず、指定管理者からすると絶えず競争にさらされることになる。

また、指定管理者制度には「利用料金制度」を採用することができるという特徴もある。博物館でいえば、入館料などの使用料を指定管理者の収入にできる制度をいう。自治体の直営施設では、使用料は自治体の歳入になる。いくら利用者を増やして収入をあげても、自館の収入にはならず、毎年本庁が査定する予算の範囲内でしか事業をすることができない。ところが、指定管理者制度の場合、指定管理者の収入となり、それを自由に使用することができるためにインセンティブがはたらくことになる。

2．博物館への指定管理者制度の導入に対する見解

1　文化行政の立場から

　指定管理者制度が公共施設の運営管理に導入されてから2年後、マスコミの論調は、公共施設のコスト削減や民間のアイディアやノウハウが生かされることを期待していた。その一方、あるマスコミは、文化施設の場合は運営できる民間団体が限られているので、行政が行き過ぎたコスト削減をすると、受け手が頻繁に変更され安定的な運営ができなくなることを危惧した（読売新聞2005）。

　ところで、公立文化施設に関係する専門家は、この制度に対してどのような見方をしてきたのだろうか。開始後5年間の論調をみると、いろいろな見解が述べられている。その代表的なものとしては、東京大学大学院の小林真理助教授（現教授）は公立文化ホールを念頭に置きながらも、それまで管理側（自治体）の都合によって文化施設が運営されてきたことを否定することができないとしながら、公立文化施設に指定管理者制度が導入されることにより、利用者にとって、むしろ「よい状態」になることに期待を込めている（小林 2004）。

　帝塚山大学大学院の中川幾郎教授は、小林助教授と同じように文化政策や文化行政の立場から公立文化施設が単純なサービス施設として「経済性」や「効

率性」ばかりを追求するのではなく、「公共性」を担保する施設の使命を反映する選定基準や業務範囲を設け、それを指定管理者がクリアするようになれば、これまでの自治体による直営館の是非が問い直されるだろうと、公立文化施設のあり方が改善される可能性を指摘した（中川 2004）。

　嘉悦女子大学の桧森隆一教授も同じように、今までの公共施設は直営や外郭団体の傘下で十年一日のように管理運営する現状維持の状態となっており、顧客サービスの向上や集客増、コスト削減へのインセンティブも乏しかったとし、競争原理がもち込まれることで、うまくいけば公共施設の管理運営に劇的な変化が生じるだろうと述べた（桧森 2008）。

　つまり、これまでの公立文化施設の運営管理に顧客志向が不在であったという問題を認めた上で、指定管理者制度を適正に運用していくことができれば、「公の施設」本来のあり方に転換することができるのではないか、という展望が語られていたのである。

2　日本学術会議の声明

　一方、2007（平19）年5月24日、日本学術会議学術・芸術資料保全体制検討委員会からは、指定管理制度を公立博物館に適用するにあたり「博物館の危機をのりこえるために」という声明が出された（日本学術会議 2007）。この声明は博物館に指定管理者制度が導入されたことについて、「短期的に『より良質より低廉な』博物館サービスが試行されている一方、長期的にみた事業運営上の弊害や潜在的危険性も浮上している」とし、また、「指定管理者への短期的な業務委託は、博物館の基盤業務である長期的展望にもとづく資料の収集、保管、調査をおろそかにする傾向を招き、その基盤業務を担う学芸員の確保と人材育成が危ぶまれる状況を招いている」ということが重大問題だとしている。しかし、仮に公立博物館に指定管理者制度を導入することが決定している場合には、次のような留意点をあげている。

　①設置者の基本方針と応募者の運営構想に離齬が生じないようにする。そのために設置者は当該博物館の基本性格や運営方針を明示する。②設置者と応募者がともに「公立博物館の設置及び運営上の望ましい基準」を活用することが望ましい。③設置者は指定期間を10年〜15年を目安に5年ごとに審査すること

が望ましい。④実績を積んだ学芸員を擁している団体の活用をはかる、というものである。

なお、②の部分は先述したように、2011（平23）年に「博物館の設置及び運営上の望ましい基準」として全面改正されているので、現在では同基準に置き換えることができるだろう。

3 共通する認識

中川幾郎教授らの見解と日本学術会議のそれを比べてみると、はたしてどうであろうか。中川教授は、設置者が「公の施設」としての価値観（使命）や方針を明示することや、その政策目的に適合する団体を指定管理者にすること、目的を達成するために必要な専門性、指定管理者になりえる団体であることなどについても整理しており、そのための対策を織り込んでいる（中川 2006）。

つまり、両者の基本的な認識はほぼ共通している。あえて異なる点をあげれば、中川教授らは指定管理者制度を自治体と指定管理者がともにうまく運用することができれば、公立文化施設がこれまでの直営館よりも利用価値が高まるのではないかと期待を寄せている。一方、日本学術会議のそれは、博物館の専門性を維持することに重点が置かれている。顧客としての利用者の立場からの直営館の問題についてはほとんど踏み込んでいない。とはいえ、日本学術会議の見解は専門機関としての博物館の質を確保する上では重要な指摘である。

指定管理者制度がスタートしてから5年ほどの経過のなかで、以上のような意見が交わされていた。

当時、筆者は野田市郷土博物館の館長補佐（学芸員）を辞し、法政大学に転職してから間もない時期であった。野田市郷土博物館においても市町村合併後に市の職員定数を削減するため、筆者の退職後に人員は補充されず厳しい運営状態になっていた。そのような危機を打開するために指定管理者となり、直営館のままではできない新しい博物館づくりに挑戦してみたいと思った。

3．野田市郷土博物館を指定管理にする

筆者が法政大学に移ってから3年目の2005（平17）年6月、千葉県野田市で

日本キャリアデザイン学会の中間大会が行われた。同学会は法政大学において
キャリアデザイン学部を設置したこととあわせて、キャリアデザインやその支
援に必要な知識や理論を構築することを目的に設立された。野田市の根本崇市
長（当時）には自治体の専門家として、学会の理事になっていただいた。大会
は、同学会と野田市との共催により、「まちづくりとキャリアデザイン」とい
うテーマで行われた。このことを契機にして、市長は「市民のキャリアデザイ
ンをはかる」ことを政策の柱の一つに位置づけた。

　野田市は、住民のキャリア支援をはかる必要性を認識した。行政は「公」と
して住民を主導・誘導するのでなく、住民がキャリアデザインして個の確立を
はかることを支援する立場に立つものである。さらに、こうした人々と協働し
て「まちづくり」を目指すことになった。

　一方、筆者らは野田文化広場というNPO法人を設立して、地域コミュニティ
の活性化をはかることを目的に市民のキャリア支援をする活動を行っていた。

　野田市郷土博物館は、市が1959（昭34）年に設立し教育委員会が所管してい
る。市はその政策を実行する一つの形態として、博物館を「市民がキャリアデ
ザインをはかる」ための場に転換することを決定した。このようなビジョンを
達成するには、それまでのような直営の職員や組織体制では対応できないため
に、指定管理者制度を導入することにした。そこで、筆者らが行っていた活動
経験をもとに、市の示したビジョンを実現し同館を運営管理するためのミッ
ションや考え方、施策、事業計画などを提案したところ、選定委員会で認めら
れ、議会でも承認された。

　指定管理者となってからの具体的な活動については、拙著（金山 2012）に
詳しく述べているので、主な点を整理しておくことにする。まずミッションを
次の3点に整理した。

　　・地域の文化資源を掘り起こし、活用する博物館
　　・人やコミュニティが集い交流する博物館
　　・人びとの生き方や成長を支援して、キャリアデザインをはかる博物館

　ミッションのもとに、それぞれ施策を立て、さらに具体的な事業を展開する
構図である。このミッションを実現するために必要な人員、設備・備品、事業
費などを積み上げていくと、直営期の予算額を少し上回る総額になった。そも

そも直営期には博物館に必要な経営資源が不足していたからである。企画展の事業費、資料購入予算を増額し、オリジナルのホームページを開設し、パソコンなどの情報機器を充実させることができた。

　市長の考え方は、博物館における指定管理者制度は、はじめから財政削減を目的にするのでなく、市の政策を形にする上で、必要な経費については手あてするというものである。これにより、住民サービスの向上をはかることができるし、結果的に無駄な歳出の削減にもなるのである。

　また、人材育成の面では本庁から学芸員を１人派遣して、博物館業務の引継役にした。派遣期間は３年間。これは博物館機能を引き継ぐために大切なことであった。人員については、学芸員を１人から４人に増員した。最初の３年間は市の学芸員を業務の引継のために配置したので、新規に３人を採用し、４年目に派遣されていた学芸員が本庁に戻るタイミングで、学芸員をさらに１人採用した。

　指定管理の契約期間は５年間。３年では短いが５年であればPDCAサイクルを一巡させて、直営期に比べてメリハリのつく運営ができる。

　ミッションを達成するために、様々な事業を行うようになったが、なかでも展覧会は、年間に１回の特別展であったものから、特別展を１回と企画展を３回開催するようにした。特別展は学芸員による調査研究の成果を公開するものとし、企画展は市民参加型の「市民コレクション展」「市民公募展」「市民の文化活動報告展」「市民アート展」などのように直営期にはなかった多様な展覧会をするようになった。

第2章　NPO・企業が運営する指定管理館

1．指定管理館の種類

　指定管理者制度が公立博物館に導入されるようになり、その運営形態も変化するようになった。指定管理者制度が導入された博物館の運営形態には大きく二通りある。

　一つは、指定管理者に博物館の全業務を任せる場合である。この場合には、NPO、企業、公設財団法人などが単独で指定管理者になる事例と、NPOと企業など複数の民間団体が共同して運営する事例がある。

　もう一つは、自治体と指定管理者が共同で運営する業務分割方式である。島根県立美術館がこの方式を最初に採用したことから「島根方式」とも呼ばれる。両者がそれぞれ役割を分担するもので、一般に自治体が学芸部門、指定管理者が施設管理、広報、来館者サービスなどを担当する。指定管理者が指定管理に関わる業務の責任者として支配人を配置し、自治体側の館長が館全体を統括することが多い。

　指定管理者制度の導入により、新たに民間が公共施設の担い手として運営することができるようになったが、民間に期待される創意工夫はどのように活かされているのだろうか。一方、規制緩和・制度改革のためにつくられた指定管理者制度には「経費削減」や「効率化」がもとめられているが、はたしてその実情はどのようになっているのだろうか。

　筆者は、上記の問題意識をもって、これまでに100件以上にのぼる全国の指定管理館を現地調査した。また、設置者である自治体の担当者からも話を聞いた。そのうちの一部であるが、積極的な取り組みをしている事例を取り上げる。本章では、まずNPOと、企業に全業務を任せている指定管理者の実情をみてゆくことにする。

2．NPOが運営する指定管理館

1　アルテピアッツァ美唄―ユニークな野外彫刻館―

　2011（平23）年8月、筆者は、まず北海道美唄市のアルテピアッツァ美唄に向かった。美唄市は、かつて炭鉱町として知られたが、1973（昭48）年にすべての炭鉱が閉山になってからは、過疎化が進んでいる。アルテピアッツァ美唄という野外彫刻美術館は、閉校になった小学校の校舎を利用している（写真1）。当日はNPOの事務局チーフから話を聞いた。

　地元出身の彫刻家安田侃氏は長年イタリアで制作活動をしていたが、美唄でアトリエを探していた。当時は炭鉱が閉山して、小学校も次々に閉校になった。廃校になっていた市立栄小学校の跡地には木造校舎2階建の一部と体育館が残されていた。1階は「栄幼稚園」という幼稚園になっている。安田氏は、市の体育館をアトリエに利用できないかという提案を受け入れて、創作活動をはじめた。安田氏は、屋外で遊ぶ園児たちをみながら、感動を大事にすることのできる「野外彫刻美術館」をつくりたいと思い、それがアルテピアッツァを設立するモチベーションになったという。市には財源がなく厳しい状態であったが、幸いにも国の補助金を得ることができて、1992（平4）年に「アルテピアッツァ」と名付けた野外彫刻園をオープンした。

　さらに1999（平11）年、校舎の2階をギャラリーに改修した。限られた予算のなかで、作家をはじめ市役所の職員らが努力したおかげで実現できた。安田氏は、幼稚園とコラボレーションする同館の特性をとらえて、「幼稚園付属アルテピアッツァ」と呼んでいるという。

　運営は当初、市教育委員会が担当していたが、2006（平18）

写真1　アルテピアッツァ美唄の旧校舎と野外彫刻

年から「NPO法人アルテピアッツァびばい」が指定管理者となり運営管理を行っている。指定管理料は約1,600万円（年間）。入館料はとらずに無料で公開している。スタッフは、事務局チーフ1人と、ギャラリー、カフェ、管理を担当する12人である（2015年2月現在）。

　NPOのミッションは、「アルテピアッツァ美唄のかけがえのない空間を守り、"こころのふるさと"として次世代につなげていきます」というものだ。また、指定管理にあたっての市の運営方針は、「アルテピアッツァ美唄は、周辺の自然環境を生かし、次代へつなげる人材の育成・文化活動の活性化のほか、美唄のイメージアップなど、社会教育や学校教育の場として、芸術文化に親しめる交流の場として、本市の文化施策を推進していく」というものである。

　空間を使わないと意味がないことから、彫刻を含む空間そのものをみてもらうことに力点を置いた活動をしている。指定管理がスタートした翌年の2007（平19）年には、体験工房がオープンした。彫刻をみるだけでなく、実技する「こころを彫る授業」も開催している。

　作家の意向を踏まえて、NPOは作品にキャプションをつけていない。作品を見学する順路を設けることもしない。写真の撮影や作品に触れることもできる。見方にとらわれるような展示をしないように配慮している（写真2）。以前は禁止事項を掲載した看板などがあったが、徐々に撤去した。禁止事項を表示することは、作品の鑑賞の妨げになるからだという。スタッフの仕事は試行錯誤の連続である。

写真2　作品を自由に見学することができる

　直営だと、このようなポリシーを貫くことは難しい。「安全性」という行政のしきたりを全面に出して一律に管理することになりがちだし、手間をかけるようなこともしない。NPOだと、スタッフの思いがあるから、地域住民と同じ目線で付き合うようになる。その結果、安全で居心地の良い空間をつくる

ことができるのである。

　しかし、課題も見逃すことができない。施設が老朽化してきているので修繕したいが、その経費を工面することが難しいという。大規模改修にかかる費用は市がもち、小規模修理はNPOが負担することになっているが、その区別も曖昧となっている。財務面では、市からの指定管理料のほかに自主事業のカフェやグッズ販売の収入、寄付金などを指定管理料に上乗せして、施設の管理運営やスタッフの賃金にあてているが、どうしても人件費にしわ寄せが及ぶという問題が生じている。

　筆者が最初に訪ねた同館では、自由な活動に感動した一方、実は問題を抱えていることを聞き少し意外に感じた。しかし、その後、全国各地を調査するにつれて、少しずつその具体的な問題が明らかになっていく。次は、同じ北海道内の室蘭市を訪ねてみよう。

2　室蘭市青少年科学館—学校の理科の先生だった人たちが運営する科学館—

　室蘭市は、高度経済成長期に「鉄の町」として栄えた町である。室蘭市が設置する室蘭市青少年科学館は、1963（昭38）年、北海道で最初の科学館として開館した。JR室蘭駅から歩いて5分ほどの市役所の近くに立地している。道内の公立科学館ではリニューアルや新館建設が多いなか、同館は開館当時のままの施設を使用しており、2005（平17）年11月に直営から指定管理者が運営する館になった。

　指定管理者は、「NPO法人科学とものづくり教育研究会かもけん」という、理科の先生をしていた人たちが中心となり設立したNPOである。副館長は室蘭市役所を定年退職した人で、在職中は指定管理者制度を導入する担当部署や同館の館長も経験している。

　副館長によれば、市が科学館に指定管理者制度を導入するという情報が流れた当時、「企業などの他の団体には任せられない」と、それまで同館の事業に協力していた小中学校の理科の先生だった人たちが中心となり、団体を立ち上げた。指定管理を受託するためには、法人格があったほうがよいだろうとNPO法人格を取得したという。副館長には、市職員の経験を生かしてもらいたいと依頼があったそうだ。その後、市からの公募に応募して指定管理者に選定され

た。

　調査に訪れた2012（平24）年6月、常勤スタッフは館長1人、副館長1人（この他に非常勤1人）、事業部2人、事務管理部3人。臨時スタッフは19人。指定管理料は5,138万円。利用料金制が導入されており、入館料やグッズの売り上げなど約450万円を指定管理料にプラスした金額の約5,600万円が年間の総収入となる。人件費を含む運営費は直営期に比べて2,000万円ほど減額している。

　NPOが指定管理者になってから、どのような事業が行われるようになったのだろうか。基本的には直営期からの事業を指定管理業務として引き継ぎながら、新たな事業を自主事業として追加している。直営期からの事業は次のようになる。

・実物、標本、模型、写真、フィルム等の資料を収集し、保管及び展示すること
・資料の利用に関し、必要な説明、助言、指導などを行うこと
・実験室、工作室、プラネタリウム室、温室等を設置し、これを利用させること
・資料に関する案内書、解説書、調査研究の報告書を作成し、配布し、頒布すること
・科学に関する講演会、講習会、映写会、実演会を主催し、及びその開催を援助するここと

　さらにNPOの自主事業として、科学館祭、発明工夫クラブ、出前おもしろ科学館、高校生インターンシップ受入、管内小中学校への理科支援などを行う。

写真3　スタッフが常駐する体験コーナー
　　　（室蘭市青少年科学館提供）

それらは、これまでの直営期にはなかったものである。直営期から体験学習がメインではあったが、それがNPOになってさらに拡充された。

　また、1階の展示室を「手づくり科学グッズ」の体験コーナーに変えたことは見逃せない。この体験コーナーは現在、同館一番の人気コーナーである。様々な科学体験グッズが置かれてお

り、「プロモ」というスタッフたちが、子どもたちに説明や指導をする（写真3）。筆者が訪れた時も、子どもたちで賑わっていた。体験グッズは、理科や数学の先生だったスタッフが自前のルートから新しい科学グッズの情報を仕入れてきて、専門をいかして自作する。せっかく作っても、人気のないコーナーは撤去して入れ替えることも厭わない。子どもたちの興味や関心を引くような科学体験グッズや展示を絶えず開発している。また、故障したまま放置されていた展示装置をNPO運営になってから、スタッフが修理して稼働させたともいう。直営期になかったフットワークの良さが目立っている。

このように、住民が運営することで、体験コーナーは賑わいの場となり、子どもたちが理科を学習する効果の向上にもつながっている。

さらに、このようなムードが素地になり、ロボットづくりにも興味をもつようになるのだろう。地元の室蘭工業大学が主催する「ロボットサッカーコンテスト」に科学館のチーム（小中高校生）が毎年出場しているのもユニークな活動である。NPOは科学館でモノづくりの人材を着実に育成しているのである。

こうした活動の成果が利用者数の増加にも反映している。図1に示すように、

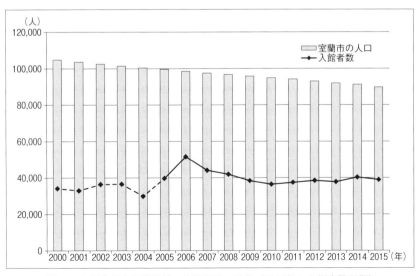

図1　室蘭市青少年科学館の入館者数の推移（2005年から指定管理期）

直営期最後の2004（平16）年に比べると増加している。室蘭市の人口は指定管理を受けてからの8年間で当初の9万9,000人から7％減少していることを考慮すると、人口に占める利用者の割合は、より大きく増加しているといえるだろう。

　副館長に指定管理運営のメリットを尋ねると、直営期には前年度に事業を決めて予算をとるため、新たな事業を計画的に展開しにくいが、指定管理では予算内であれば、予定していなかった事業でも実施することができるという。例えば、PCや実験器具などは、元理科の教員スタッフたちが自前で修理、更新することができる。すると、予算を融通して使うことができるようになる。しかし、直営だと項目や費目が違う予算を流用することができず、あらかじめ決められた金額内で、予定通りの事業をしなければならない仕組みになっており、臨機応変に対応することが難しい。

　館の運営については、4半期ごとに市教育委員会の担当者と意見交換会を行って連絡調整の場としている。市からは適正に評価されているそうである。副館長のような元市役所職員がいるために、意思疎通がうまくいっているということもポイントの一つになる。

　それにしてもなぜ、これほどまでにスタッフは頑張ることができるのだろうか。彼ら、直営期にもボランティア・スタッフであったが、指定管理者となってから、同館の運営者になった。当然、意識も変わり主体性が生まれる。それが原動力になっているのではないだろうか。

　多くのスタッフは、地元の退職世代の人たちである。それぞれが退職前の経験をいかして、社会や地域のためになることをやっているという自負がある。しかし、現在の限られた予算では、現役世代のスタッフの賃金昇給が困難な状況となっているそうである。また、これまで大きなリニューアルなどもなく、築50年以上も経ち、施設や設備が老朽化していることも課題となっている。

　室蘭市青少年科学館は、アルテピアッツァ美唄と同じように、NPOが指定管理者になってから、そのメリットをうまくいかして運営している。しかし、財源不足による人件費の取り扱いや、施設の老朽化などの課題が少しずつ浮き彫りになってきた。

　次に紹介する宮城県の吉野作造記念館も、NPOが指定管理者になってから

再生した。しかし、経営面は厳しい状況になっている。その実状について少し
深堀りしてみることにする。

3　吉野作造記念館—記念館の再生と財政問題との狭間—

　宮城県大崎市は、旧古川市を中心に１市６町が合併して、2006（平18）年に
できた平成の合併市である。人口13万4,000人（2016年２月現在）。吉野作造は、
大正・昭和前期の政治学者として、民本主義を主張して大正デモクラシーに理
論的な根拠を与えた人物である。同館は、こうした吉野の功績を顕彰するため
に1995（平７）年に旧古川市が設立した。

　吉野作造記念館は、当初は教育委員会が所管する直営館であったが、2002（平
14）年に、地元のJC（青年会議所）のOBや商工会議所メンバーが中心となっ
て任意団体「古川学人」を立ち上げ、同年に市から記念館の管理委託を受けて
運営を開始した。翌年、「古川学人」はNPO法人となり、2006（平18）年か
ら同館の指定管理者となった。会員数は27人、ほとんどの理事はJCのOBだ
が、市議会議員や元博物館長などもいる。現館長は、2011（平23）年に大学の
助教を退職し、同館の副館長になった。

　館長によれば、管理委託を受けていた当時は、市からの仕様に基づき、吉野
作造を顕彰することを目的にしていたが、現在は問題解決型、イノベーション
型に切り替えたという。NPOは、「私たちは吉野作造の精神を継承し、真のデ
モクラシーの実現のために市民のみなさんと共に歩んでいきます」というミッ
ションを掲げている。同館の運営も、このミッションによるものであるし、NPO
の事業もそれに基づいている。

　NPOが指定管理者になってから、窓口対応の改善や開館時間の延長、夜間
の貸室業務などをはじめた。収蔵庫に空調設備がなく温湿度計もなかったが、
空調設備を整備し温湿度計を置いた。子ども向けのイベントや音楽芸術イベン
トもするようになった。事業やイベントごとに来場者にアンケートをとり、利
用者ニーズの把握につとめている。

　こうした積極的な活動は、マスコミにも注目されるようになり、メディアで
の紹介件数は、直営期は年間10件くらいだったものが、2015（平27）年度は半
期で56件とメディアへの露出度が高くなっている。

博物館の専門的業務の面でも大きく改善がはかられている。同館は、吉野の自筆原稿や、孫文が吉野に送った直筆書額など、近代政治史を語る上で多くの貴重なコレクションを所蔵している。指定管理になってから、保存修復の予算が確保されるようになり、修理した実物も展示できるようになった。

未整理であった資料を整理できるようになったことも特筆される。膨大なコレクションの全点を2年かけて整理し、全ての書誌情報を点検した。資料の寄贈者を確定するために、関係者に電話やメールで全て確認することにより所蔵目録を作成した。

また、2013（平25）年度から取り組んでいる「東アジア交流事業」をテーマにするシンポジウムを開催し、その成果を『東アジア交流叢書』としてまとめた。研究紀要もこれまで外部研究者が寄稿するスタイルであったものを、自館で研究できる学芸員の育成をはかるために、論文や報告を掲載することを必須にしているという。東日本大震災の被災地支援や、日中関係や日韓関係を改善するための交流なども行っている。

新しい活動をするためには、それを支える財源を確保しなければならない。指定管理料だけでは資金が足りない。利用料金制を採用しており、入館料収入が60〜70万円ほどあるが、不足する資金を確保するために20社ほどの企業から協賛金を得ている。2015（平27）年度は80万円。同館のホームページをみると協賛企業のバナーが掲載されている。

その結果、入館者数はどのように推移しているのだろうか。開館直後は1万人を超えたが、毎年減少を続けて底をうったところで、NPOが指定管理者になり入館者数が増加した（図2）。同館の活動が入館者数に反映されるようになったのは、現在の館長が着任した2011（平23）年以降になる。2015（平27）年現在、年間1万人を超えるようになっている。ここまではNPOが指定管理者になってからの成果である。

次に、同館の経営状況はどのようになっているのだろうか、という最初の問いに戻ることにしたい。指定管理者制度を運用するにあたり、直営期より経費を削減している。その方針を否定するつもりはないが、同館の状況をみると削減額やその仕方に違和感を覚える。その理由は次の通りである。

まず一つは、館長によれば、直営から指定管理に移行する際、「直営期の平

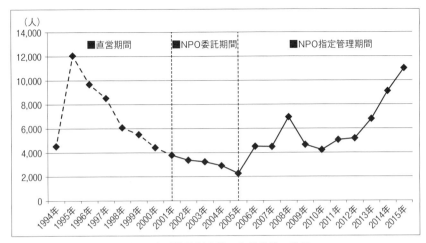

図2　吉野作造記念館の入館者数の推移

均年間予算は6,295万円であったが、指定管理者になって2,903万円と54％ほど削減された。学芸員の平均年収も200万円前後」(大川 2016)というように、多額の運営費が削減されていることである。

　二つめは、積極的な運営により、入館者数が増加するなどの実績を上げても、指定管理料は現状維持のままになっているということである。指定管理事業をこなす運営経費を指定管理料だけでは賄うことができず、企業などからの寄付金を運営費にあてている。100万円以上の寄付金のうちNPO事業で40万円ほど使うが、残りは全て指定管理事業の補填分となっており、問題である。本来、市が負担しなければならない経費を寄付金で肩代わりしているからである。

　三つめは、指定管理料は年間に数回に分けて支払われる仕組みになっていることから、ある期間に事業関係などの支払いが集中したりすると、職員の給与を支払うことができなくなるような事態になりかねない。館長が述べるように、「2013年に赤字を出した時は、中小企業の社長のように、どうやって給料を払えばいいのか、支払いはどうするのか、非常に苦しみました。(中略)400万円をNPO側で借金しました。私も金融機関をいろいろ回りました」(大川 2016)という。指定管理料から職員の給与を支払うことができなくなる事態を避けるために、やむを得ず金融機関からつなぎの融資を受けている。少ない予算のな

かで積極的な事業運営をしようとすると、このような事態が生じかねない。

さて、これまで〈美術〉、〈科学〉、〈歴史〉分野のNPO運営館をみてきたが、次は〈自然〉を対象にする関西のNPO運営館を訪ねることにする。

4 高槻市立自然博物館—地域の診療所のような博物館に転換する—

高槻市は大阪府下の市であるが、地理的には大阪市と京都市の中間にある。琵琶湖から大阪湾に流れ込む淀川の支流である芥川という川が、市の中央部を流れている。市域は縦長で、北部に森林、南部に住宅と工場地帯が分布している。昭和40年代に大阪のベッドタウンとなり、急激に人口が増えた。人口は35万5,000人（2015年12月末現在：高槻市ホームページ）。

高槻市立自然博物館(旧館名：芥川緑地資料館、愛称：あくあぴあ芥川)は、高槻市のほぼ中心部、芥川沿いの高台に立地する。1994（平6）年に河川整備に伴い緑地を公園にし、そこにプールやテニスコート、広場などを有する市の複合施設の一つとしてスタートした。

同館は、当初は直営で、その後に財団法人高槻市公営施設管理公社に管理委託されていたが、市が指定管理者制度を導入すると、そのまま指定管理者となった。しかし、2009（平21）年からは、「あくあぴあ芥川共同活動体」（NPO法人芥川倶楽部・NPO法人大阪自然史センター）が、新たな指定管理者となり運営している。

市のホームページには、「国や府、学識経験者、市民とともに、本市の都市シンボル軸である市民の川「芥川」について、ハード・ソフト両面から考える取り組み『芥川・ひとと魚にやさしい川づくり』を進めています。（中略）これまでの活動で、堰や落差工等に「魚みち（魚道）」が設置され、平成23年からは大阪湾、淀川をのぼって来たアユが、再び芥川にやってくるようになりました」というように、市の取り組みが紹介されている。

その構想のなかで、同館はその活動拠点に位置づけられ、市はその事業を実現できそうな民間団体としてNPO法人芥川倶楽部を選定しようとした。しかし、同団体には資料館を運営するノウハウがなかったために、NPO法人大阪自然史センターと共同運営することになった。NPO法人大阪自然史センターは、大阪市立自然史博物館を拠点に、自然に関する調査研究事業や学術標本の

収集やデータ整理、自然の保全活動や普及教育事業を行っている。自然史センターが経理や雇用等の現場運営のバックアップをし、芥川倶楽部が地元との協働事業などを分担することにした。

　NPO が指定管理をはじめてから 7 年目の2015（平27）年 6 月、同館は「博物館相当施設」の指定を受けて、2016（平28）4 月、自然博物館条例施行により、現在の館名に変更した（高田 2016）。振り返れば、運営 1 年目に、NPO は「あくあぴあは高槻の自然がわかるみんなの博物館を目指します」と宣言していた。その後、スタッフが努力して成果をあげてきたことが、行政に認められたのである。これまでの設置条例は、公園の一部としての取り扱いであったが、単独の設置条例が2015（平27）年 4 月に制定された。

　それでは財団が運営していた時期と比べて、何が変わったのだろうか。主任学芸員によれば、一つめはスタッフの専門性である。財団の時は基本的に役所から異動してきた歴史系の学芸員 1 人（館長兼務）と事務職で、つまり館長以外のスタッフは専門外の人であった。NPO になってからは、専門性を有する人材を揃えることができるようになった。

　二つめは、同館の運営方針を明確にしたことである。財団運営当時は設置条例も館の目的も具体的に示されていなかったという。NPO になってからは、「高槻の自然がわかるみんなの博物館」というスローガンを掲げた。「みんなの」というのがポイントで、それが「地域とともに」ということを意味している。また、「標本と調査結果に根ざした活動」ということが、職員のなかで共通認識とされるようになった。

　専門性があるといっても、各自の専門性を突き詰めるのではなく、地域の「ハブ」として機能する。自館だけですべてを賄えるわけではないので、地域の問い合わせ機関のような存在になればよいという。病院にたとえると地域診療所のようなもので、「少し調子が悪い人はうちへ来てください」「重症の人は大学病院への紹介状を書きます」というようなスタンスでやっているそうである。

　三つめは、利用者の対象範囲を変えたことである。財団が運営していた当時は、堅い感じであったらしい。「子どもがワーワーいうような雰囲気のところではなかった」という。来館者は当時も未就学児が多く、親子連れが目立っていた。NPO になってからはむしろ積極的に、そこをターゲットにした行事や

展示を行っている。

　同館は、「赤ちゃんの駅」にも指定されている。これは、市が授乳室とベビーシートを各施設に設置して子育て支援をするという事業である。だが、同館には授乳室がないために、利用者には会議室を間仕切りして対応している。実際、筆者が調査に訪れた日にも、幼い子ども連れの利用者がいた。そんな些細なことでも、「赤ちゃんは来てください」という姿勢を伝えることができるので、母親には評判が良いそうである。

　以上のように、NPOが指定管理者になってから、同館は以前よりも地域住民に親しまれるようになった。水遊びやバーベキューをするために、同じ敷地内の公園にやってくる利用者を含めると、年間8万人ほどの利用になるそうである。

　しかし、ここでも他館と同じように財政上の問題がある。まずは、指定管理料が業務内容に対して低く設定されていることである。当初、約4,900万円（年間）で、入館も行事参加も無料なので利用料金収入はない。それ以外の収入としては、自主事業の自販機やグッズ販売の収入が年50万円程度あるが、指定管理業務とは完全に分けている。

　そもそも、指定管理料はどのように算出されているのだろうか。多くの事例では、指定管理者に移行する時期の前年度の予算を基準に、2〜3割を縮減した金額を指定管理料にしている。

　同館の場合も、財団期を基準に予算が算出された。しかも出向職員分の給与や財団が負担していた管理業務経費が含まれていなかった。そのため館の経営は非常に厳しく、職員の賃金も低く抑えらることになった。

　初年度に設定された指定管理料は、それ以降はほとんど変わらなかったが、2014（平26）年度は少し増額されたという。しかし、電気代の値上げ分と消費税の増税分にあてられ、職員の昇給分はごく僅かでしかなかった。昇給させるためには、他の予算を削らなければやっていけない状況になっている。

　次に問題となっていることは、施設や設備の老朽化に対して、適切に修繕ができないということである。同館は築20年以上経過している。雨漏りが発生し、電気設備も故障し、その対応に苦慮している。

　また、同館の区域内には、緑地公園、テニスコート、プール、駐車場などが

複合しているが、それぞれの管理が縦割り行政になっている。資料館の運営は教育委員会、資料館の建物管理は都市創造部公園課、都市創造部の下水河川企画課、それら三者間には横断的な意思疎通ができていない。

　実際、他の施設に職員がいない休日にも職員が常駐していることから、他の施設や区域内のトラブルや苦情などが博物館には寄せられることが多く、博物館の業務を圧迫しているという。

　さて、ここまでアルテピアッツァ美唄、室蘭市青少年科学館、吉野作造記念館、高槻市立自然博物館のように、NPO が運営する指定管理館を館種別に紹介してきた。いずれも NPO 指定管理館なりのユニークな活動をしていることが特徴となっている。ではなぜ、そのような活動ができるのだろうか。

　大きな理由として、それぞれの NPO が、「どのような博物館にしたいのか」という思いをもち、その思いを実現するに相応しいミッションを定めているからである。

　一方、直営期に比べて低額な指定管理料、それが職員の低賃金などにも影響していることや、老朽化した施設や設備の修繕がなかなか進まないというような問題もほぼ共通している。

　次に、民間企業が運営する指定管理館を現地調査することにしよう。民間企業が運営する事例でも、NPO 運営館と共通性があるのだろうか。具体的には、ミッションの取り扱い方や、それをどのように事業に反映させているのかということである。NPO 運営館で明らかにされた問題点は、企業運営館では、はたしてどのようになっているのだろうか。また、設置者側の指定管理者に対する評価などについても知りたい。

3. 企業が運営する指定管理館

1　三条市歴史民俗産業資料館―図書館とセットで運営する―

　上越新幹線の燕三条駅を降りると、東に三条市、西に燕市がある。1982（昭57）年、上越新幹線の開通にあたり両方の市名を合わせて、現在の駅名にした。『三条市史』によれば、この町の地場産業は染物や金物などで、関東大震災後

に復興用の金物の注文が被災地から殺到した。とくに三条鋸を中心とする大工道具は、「金物の三条」の名を全国に知らしめたという。

2005（平17）年5月、新潟県の旧三条市と南蒲原郡栄町、同郡下田村の3市町村が合併して、現在の三条市になった。人口は約10万8,000人（合併当時）。

三条市歴史民俗産業資料館は、1989（平元）年に開館した。同館は、1935（昭10）年に建てられた「旧武徳殿」（武道場）という歴史的建造物（国の登録有形文化財）を活用している。市街地の中心部に立地し、図書館と隣接している。

同館は、株式会社図書館流通センター（TRC）が三条市立図書館とあわせて運営管理している。TRCの館長によれば、図書館の指定管理者に応募することが本来の目的であったが、資料館と抱きあわせて指定管理者の公募があったためだという。同社は図書館の指定管理や委託業務を全国で300館以上手がけているが、このようなケースは珍しいという。

市担当課の市民部生涯学習課文化振興係長によれば、合併後に公共施設を見直す「市経営改革プログラム」のなかで、運営管理の経費を削減するために、同館を図書館とセットで指定管理に出すことにしたという。経費削減を目的に指定管理に出すということは、同市に限ったことではなく、実はほとんどの自治体でも行われている。

同社は、2008（平20）年から図書館とあわせて、歴史民俗産業資料館の運営をはじめた。初年度の指定管理料は9,800万円（図書館を含む）。無料なので利用料金による収入はない。資料館のスタッフは、図書館長を兼務する館長と2人の学芸員有資格者（常勤）からなる。

市から提示された同館の運営方針は、「市民の郷土に対する認識を深め、教育、学術及び文化の向上を図る」ことで、事業内容は資料の収集、保管及び展示に関する事業、調査・研究に関する事業、資料の受託及び借用に関する事務事業で、博物館法を下敷きにした一般的な内容となっている。設立当時のものを指定管理に移行するにあたっても、そのまま踏襲している。設置者側に資料館に対する特別の思いを感じることはできない。

直営期の同館は、一部の愛好家が出入りするサロンのような場所だったという。愛好家の団体に協力を仰ぎ、文人画展や郷土史の講座など外向きの事業を中心に実施していた。しかし、同社は少しでも多くの人たちが利用しやすい資

料館にしたいという思いをもっている。そのために、エントランスのレイアウトを変えて、受付のグッズ販売コーナーをコンパクトに見栄えよくした。

　直営期には配置されていなかった常勤の学芸員を配置したことにより、学芸業務もはかどるようになったという。企画展のポスター・図録のデザインや、展示内容の充実など質的向上がはかられている。また、直営期には、ほとんど手つかずになっていたバックヤードの業務にも取り組むようになり、資料の受入手順の明確化や、資料の確認作業などもできるようになった。

　その結果、利用者からは、資料館はいろいろなことをやるようになった、という声が聞かれるようになり、学校見学も少しずつ増えてきているという。

　こうした同社の活動について市は、直営期に比べて企画展が多様化するようになったことや、経費削減になっていることを評価している。直営期には図書館とあわせた予算額が1億3,980万円であったのに対して、9,800万円の指定管理料だから、4,180万円の削減になっている。直営期より30％も削減しているが、この削減分は具体的に何を減らしたのだろうか。

　削減分のほとんどは人件費である。館長と学芸員の給与を、直営期の正規職員の人件費よりも低く抑えている。同市ばかりでなく、多くの自治体でも同じことがいえる。事例によって削減率は異なるが、公立博物館の指定管理者に対する経費の削減分は、基本的に直営期の正規職員の人件費を削減した分が大きく占めている。

　NPO運営館では、役所との意思疎通がうまくいかないことが問題視されていた。これについては、三条市のヒアリングでわかったことだが、担当者の異動によって業務の引き継ぎが十分にできていないことが一因のようである。指定管理者制度を導入するにあたり、市の担当者は必要な条件整備や指定管理者の選定に関わる業務などを行う。しかし、指定管理者が決まり業務がスタートすれば、あとは指定管理料を管理するだけになりがちである。適切に予算が執行されれば担当課にとっては問題ない。現場にいろいろな課題があっても、担当の職員は通常は3年ほどで異動を繰り返すから、次第に所管課と指定管理者との間に距離感が生じることになりがちとなる。

　以上、企業が運営する指定管理館でもメリットや課題のあることが分かる。次に、もう少し規模の大きな館をみていくことにしたい。

26　第Ⅰ部　指定管理博物館の現状と課題・展望

2　もりおか歴史文化館—図書館から転換した歴史博物館—

　もりおか歴史文化館は、盛岡市の中心部、盛岡城跡の岩手公園の一角にある。市街地でありながら、園内には地元出身の宮沢賢治や石川啄木の歌碑もある静かな佇まいである。当初、県立図書館（1968年建設）であった施設をリニューアルして、2011（平23）年7月に開館した。

　設立の背景には、資料の収蔵施設となっていた市の中央公民館が手狭になり、そのうえ老朽化しているという問題があった。また、市に寄贈された歴代城主南部家の資料を保管公開するための施設の建設要望もあった。さらに、市街地に観光拠点となる施設が求められていたことから、それらをあわせもつ施設として同館が整備された。

　開館時から、もりおか歴史文化館活性化グループ（株式会社乃村工藝社・公益財団法人盛岡観光コンベンション協会の共同事業体）が指定管理者として運営している。

　同館は、「盛岡の歴史や文化を継承し、まちなか観光の拠点として地域の活性化をはかる」ことをミッションに、地域の人々に親しまれる博物館となることを目指している。具体的には、住民に関心の高いテーマをとらえて定期的に展示替え（資料差替え：毎月1回、テーマ展示：年間5～6回）をし、企画展（年間3～4回）を開催することにより、リピーターを確保している。さらに、学校の作品発表会の実施や、展示解説などではボランティアを導入している。また、開館以来の人気イベントになっている「盛岡弁で語る昔話」（月1回）や、地域ゆかりの詩や小説などの朗読を楽しむリーディングカフェ（年間4～5回）、歴史・文化をテーマにした講座（「れきぶん講座」年間7～8回）なども開催している。

　一方、同館のような新設の歴史博物館においては、新規に採用された学芸員が最初から学芸業務をスムーズにこなすことは難しい。そのために市教育委員会の学芸員が、その運営をサポートする体制をとっている。盛岡市教育委員会事務局の歴史文化課学芸員と文化財主査によれば、指定管理者には、旧盛岡藩資料の所有者などとの交流関係がないことから、市がその橋渡しをし、展示資料の選別についても助言するそうである。

　また、市側は、指定管理者が行う自主事業による柔軟な事業展開が観光・物

産の振興策の機能を拡大させ、利用者の満足度を高め利用者層の拡大につながっていると評価している。修学旅行生が多く来館するようになったほか、同館の前庭で開催するイベントでは、博物館が地域の活性化に役立っているという。

　同館の延床面積は4,676㎡。公立博物館としては中規模である。指定管理の期間は、1期目3年、2期目は5年。調査のために訪ねた2014（平26）年10月は、2期目に入ったばかりのタイミングであった。指定管理料は1期目に1億3,245万円（2013年度）であったが、2期目からは1億1,453万円（2014年度）となった。1期目に比べて、約1,800万円も減額した。

　その理由は2期目から利用料金制を導入したことによる。しかし、利用料金収入の額は、1期目（2013年度）の実績をみても年間で521万円と、指定管理料の減額を補うには至っておらず、指定管理者にとっては1期目と同じだけの財源が確保できずに財政的に厳しい状況になっている。

　このように実質的に指定管理料が減額されているにもかかわらず、年間に約350日を開館することが課されている（休館日：月1日と年末年始）。直営館のなかには、毎年のように予算が削減されるに伴い、光熱費まで圧縮しなければならず、開館日を減らしているところがあるという話を聞いたことがある。指定管理者の場合には、ほかの経費を削ってもそれは許されない。指定管理者に課された義務を考えると、ランニングコストや人件費などの必要な経費が、指定管理料の金額に適正に反映されているのか疑問が残る。

　総括責任者によれば、1期目の指定管理料でも、コスト削減の努力を相当しなければ、赤字になりかねないラインであったという。その金額が損益分岐点にあたるとすれば、そこから更に減額されると、ほかの様々な必要経費を削減せざるをえなくなる。そのため、指定管理者として提案した同館の事業を実施することは困難な状況になりかねないことになる。

　以上、民間企業の指定管理館でも財政事情は厳しいようである。これまでのところは、NPO運営館ばかりでなく企業運営館でも、やはり問題の所在は共通していることがわかる。多くの指定管理者は、内部事情として問題を抱えながら運営を続けている。しかし、このような状況では、それぞれの館を中長期的、安定的に運営していくことは難しいようである。

28　第Ⅰ部　指定管理博物館の現状と課題・展望

次は、さらに規模の大きな科学館の事例をみることにしよう。

3　多摩六都科学館—科学館と民間企業との相性の良さをいかす—

東京・高田馬場駅から西武新宿線に乗り花小金井駅で下車し、市街地を20分ほど歩くと多摩六都科学館に着く。大多数の人たちは車を利用するらしく、大きな駐車場を完備している。かつて国木田独歩が『武蔵野』（1898年）で、「今の武蔵野は林である」といったように、当時この地域には里山の雑木林が広がり、農家や寺社などが点在していた。今では、当時の様子をほとんど辿ることができないほど変貌したが、科学館の敷地には今でも雑木林の一部が残されている。

1994（平6）年、東京都北西部の6市（小平市、東村山市、清瀬市、東久留米市、田無市、保谷市）が一部事務組合をつくり科学館を設立した。その後の2001（平13）年に田無市と保谷市が合併をして西東京市になったことから5市になった。一部事務組合というのは、ごみ処分場や病院、消防などを複数の自治体が共同して運営するために設置するものであるが、このような運営方式を博物館でとることは珍しい。総工費120億円、延べ床面積6,860㎡の大規模館である。

同館に指定管理者制度が導入されたのも、やはり経費削減のためであった。開館以来17年間、事務組合に展示やプラネタリウム事業、施設管理などの業務が委託されていたが、各市の財政事情が厳しくなり指定管理に移行することになった。

こうして2012（平24）年に、株式会社乃村工藝社が指定管理者となり運営をはじめた。館長（非常勤）のもとで、総括マネージャーがアテンダント部門、経営管理部門、研究交流部門を統括する。スタッフ数は約50人（常勤約40人）。

指定管理料は約2億6,000万円。利用料金制を導入し、指定管理期間は5年間である。経費削減のために指定管理者を採用したといっても、設置者は民間企業の特性を最大限にいかす工夫をしている。

一つめは、施設の整備と一体化して指定管理者制度を導入したことである。同館は設立から20年が経ち、展示設備やプラネタリウムなどを更新する時期にきていた。同館の組合次長によれば、「これまでのようにハードは設置者がつくり、ソフトは運営者任せということでは、せっかくの新しい展示が利用され

なかったり、余計なところに費用をかけたりと、見当違いな整備をしてしまうおそれもあります。施設の価値の向上ということでは、整備と運営が不可分ということを念頭に」（神田 2016）という。指定管理者が、指定管理初年度にプラネタリウムのリニューアル、翌年に展示リニューアルをした。リニューアルでは、指定管理者が、運営することを前提に設計・施工をし、展示を変更している。

　二つめに、指定管理業務を開始してから2年後、開館時の計画を見直す第二次基本計画（中長期計画）を策定した。策定委員会は設置者の組合が立ち上げたが、計画作りの作業には、委員ばかりでなく指定管理者のスタッフやボランティア、組合職員なども加わりワークショップを行い、今後のミッションや課題、目標を検討した。指定管理者が応募時に提出した提案書も再検討したという。さらに、住民に対するモニタリング調査も実施した。通常は開館準備期に基本計画をつくると、数十年経っても見直しをすることはほとんどしない。しかし、同館は設置者が問題意識をもち、20年を節目に再検討した。設置者だけでなく、指定管理者や地域の人々とも協働することにより、「地域の科学館」という新しいコンセプトが生まれた。これまでの科学館は、地域づくりに関わることはなかった。「科学」を用いて、地域に関わっていき、地域を元気にすることが問われているということを導き出すことができた。

　三つめは、同館の事業に企業の連携力を積極的に活用していくことである。例えば、鉄道会社と交渉して、破格の価格で駅中の広告やデジタルサイネージ（電子広告）に掲載する。これは民と民（企業間）の関係性によるところが大きい。外部との交渉などで広告費を安くするなどという発想は、組合期にはなかったという。展覧会でも民間企業からの協力を受けやすくなっている。

　四つめは、民間企業の発想力を使うことである。これまで閑散期があったのを、割引制度を導入することにより集客をはかるようにした。たとえば10月から12月などの平日にシニア割引（2割引）を導入することにより、新規の顧客層を開拓している。そのために、指定管理者のスタッフは、5市の老人クラブの集まりに顔を出してビラを配布し、来館してもらえるように働きかける。また、プラネタリウムのリニューアルのタイミングをうまく利用して、若者にも宣伝して集客をはかっている。

写真4 ボランティアが実験や工作を指導する（多摩六都科学館提供）

　以上のことを通じて、組合次長は、企業の「強みとしては、まず結果重視ということです。それからマーケティングの力があると思います。そして、指揮命令系統が非常に明解であること。それから民間同士のネットワークが取りやすい」（神田 2016）という、民間企業のメリットをあげている。

　開館後、利用者数が低迷して10万人を割っていたが、指定管理者の導入以降は急増して20万人を超えている。館内には、科学を楽しく学べるように、いろいろな工夫がある。リニューアルされた展示室では、ボランティアたちが来館者に展示解説や実験、工作の手ほどきをするなど活躍している（写真4）。

　現地調査で感じたことは、設置者と指定管理者の意思疎通がとても良い関係になっていることである。組合次長と総括マネージャーの見識とパーソナリティにもよるだろうが、お互いの科学館に対する〈思い〉が一つの方向を向いている。組合は科学館に同居して、運営の監督・管理業務をしている。両者は日常的に連絡調整をとることができるように職場環境を整えているのである。要するに、指定管理館の運営の成否の一つは、設置者と指定管理者がお互いに

同じ価値観を共有し、日常的に連絡や調整をしていけるかどうかにかかっているようである。

ところで、これまでの事例で問題になっている、運営費についてはどうだろうか。運営費は指定管理料に利用料金をあわせた約3億7,000万円。指定管理料2億6,000万円、利用料金1億1,000万円（2012年度）。設置者は利用料金の見込み額を9,000万円としているが、指定管理者は超えた分の3割を組合に還元することになる。この場合だと、超えた2,000万円の3割だから600万円を組合に返金する。組合はそのお金を将来の施設・設備の修繕費にあてる基金の原資にするという仕組みになっている。組合の経費を削減するという当初の目的に照らしあわせると、直営だった時代は4億円（年間）であったから、1割近くが削減されたことになる。

指定管理者のスタッフの待遇については、本社の報奨制度により表彰されるようになっているという。現場の雰囲気をよくし、現場の疲弊を除く一つの方策にもなっている。直営期に委託会社に所属していたスタッフについていえば、給与は高くなっているが、定期昇給はほとんどないという。指定管理者によれば、「民間企業だから、他の事業開拓をして収益をだして人件費の増額にあてることもできるが、それをやると指定管理料が減らされることになりかねない」。かえって経営が厳しくなることを危惧する。

設置者の5つの自治体にとっては、経費を低額にすることも必要であろうが、一定の節約が達成できれば、次は組織を安定化させることが課題になる。そのためには職員の生活の安定をはかるために、僅かでも定期昇給することのできる仕組みを保障することである。それによって指定管理者もインセンティブを発揮することができる。それが科学館のパフォーマンスを維持するための最大のポイントになるはずである。

4．共通していること、異なること

以上のように、限られた事例ではあるが、NPOと企業が運営する指定管理館の規模や事業内容、予算、人員、設置者との関係などの状況をみてきた。

共通しているのは、どこもユニークな活動をしていることである。利用者の

ニーズを把握する、あるいはそれを掘り出すような顧客志向がそれらの裏づけになっている。NPO 運営館は地域に対する思いが強く、あまり採算性を考えずに活動に没頭する傾向がある。企業運営館は、採算を考えて損になることを避けつつ運営はしているが、利潤があるかと問うならば、ほとんど儲けになっていない。企業としての社会的な使命感が活動を支えているのではないかと思われる。これまでみてきた事例は、努力の結果として入館者数が増えているし、職員の意識が高くフットワークも軽い。

　しかし、館によって事情が異なる部分もある。紹介した事例のなかにも設置者との意思疎通が良くないケースが一部みられる。また、指定管理者が自らミッションや運営方針を考えずに、設置者から示されたものに従っている場合にも、やはり良い成果を上げているとはいえない。設置者が指定管理者を安価な業務委託の受け手だととらえていると、そのようになりがちである。

　指定管理者と設置者のコミュニケーションはとても重要である。うまくいっているケースの条件を次のように整理することができる。

　　・設置者と指定管理者の事務室が同じ場所にあるなど、日常的にコミュニ
　　　ケーションがとりやすい環境である。

　　・設置者と指定管理者との間で定期的な打ち合わせの場が設けられている。

　　・設置者側に良き理解者がいる（首長、担当課の学芸員や職員など）。

　　・指定管理者側に役所の OB や、役所の事情がわかる人がいる。

　次章では、指定管理者制度の基本的な構造を明らかにするために、全てを民間に任せる形態とは異なる、自治体と民間企業が共同する業務分割方式の館を取り上げることにする。業務分担のあり方、指定管理者の成果、両者の意思疎通、指定管理料、職員待遇などに着目して検討していく。このような分析から、これまでにみたような指定管理館と異なる点と、類似する点に底流する共通性を確認することができるのではないかと思われる。

第3章 設置者と指定管理者が業務を分担する指定管理館

　設置者の自治体と指定管理者が業務を分担して、公立博物館を運営する方法を業務分割方式という。この方法は、学芸系の業務を直営にし、その他の施設管理、サービス、広報などの業務を指定管理者が行うものである。島根県が、島根県立美術館で最初に採用したことから「島根方式」とも呼ばれている。

　指定管理者制度は、2003（平15）年9月に施行されたが、島根県は2005（平17）年4月に、同制度をまず県立美術館に導入した。また、2007（平19）年3月に開館した島根県立古代出雲歴史博物館でも、前年から指定管理者とともに準備作業を開始した。その後、同方式は、愛媛県歴史文化博物館（2009年導入）、愛媛県総合科学博物館（2009年）、山梨県立美術館（2009年）、山口県立美術館（2011年）、青森県立郷土館（2012年）などの県立館や、松山市・坂の上の雲ミュージアム（2007）、呉市海事歴史科学館大和ミュージアム（2008）、松山市立子規記念博物館（2010）などの市立館でも採用されるようになった。

　本章は、島根方式の先駆けとなった両館の運営状況を改めて整理するとともに、その後、両館はどのように変化したのかを具体的にみていきたい。筆者は、古代出雲歴史博物館の開館以来、運営協議会委員を務め、この間の状況について定点的に現地調査などをしてきたことから、両館からのヒアリングや最近のデータをもとに検討する。

1．島根県立美術館と島根県立古代出雲歴史博物館

　美術館は、松江市の宍道湖の湖畔に立地する。宍道湖の夕日は、「日本の夕日百選」に選ばれていることから、同館は夕日を眺めるビュー・スポットとして、3月から9月の閉館時間を日没後30分としている。美術館といっても作品を鑑賞するばかりでなく、エントランスホールから眺める夕日は素晴らしい光景である。

34　第Ⅰ部　指定管理博物館の現状と課題・展望

　古代出雲歴史博物館は、出雲大社の隣接地に立地する。一畑電鉄の出雲大社
前駅から参道を歩くと大鳥居がみえてくる。大鳥居を右手に曲がると、すぐに
ガラス張りの博物館がみえる。出雲大社の杜は、博物館の借景となり厳かな雰
囲気を漂わせている。

1　「島根方式」とは

　両館が開館する以前、島根県には1959（昭34）年に開館した島根県立博物館
があった。その後の両館の母体となるものである。県は、1984（昭59）年に荒
神谷遺跡から大量の青銅器が出土したことを受けて、島根の古代文化を調査研
究、活用するための拠点として、1992（平4）年に古代文化センターを設置し
た。1997（平9）年には「古代出雲文化展」が、地元の松江市のほか東京や大
阪でも開催された。古代出雲歴史博物館は、その流れのなかで建設が進められ、
県と指定管理者との共同運営で2007（平19）年3月に開館した。一方、島根県
立美術館は1999（平11）年3月、県の直営館として開館し、2005（平17）年4
月から指定管理者制度を導入した。

　ここでまず、両館を検討するにあたり、県と指定管理者との関係について確
認しておきたい。県は、公募時に指定管理期間中の指定管理料の総額を提示し、
応募者はその総額を前提にした各業務に関する予算を積算する。指定管理者
は、県から提示された業務以外に自主事業を行うことができる。自主事業の経
費は、指定管理者の自主財源をあてるが、その収入は指定管理者が収めること
ができる。

　両館は、指定管理者が施設の利用料金を収入にすることのできる利用料金制
を採用していない。だが、県は指定管理者が努力したことによって入館者が増
えた場合に、インセンティブが働くように「メリットシステム」を採用してい
る。この「メリットシステム」は、各年度において収入額が収入目標額を上回っ
た（下回った）場合に、その増（減）を当該年度の指定管理料に反映させる制
度である。

　県立美術館は、ギャラリーやホール、駐車場の使用料（観覧料は対象外）に、
この制度を導入し、収入実績が収入目標額を10%上回った（下回った）場合は、
その増（減）収入の1/2について指定管理料を増（減）させている。

一方、歴史博物館では観覧料にメリットシステムを導入しており、収入実績が収入目標額を上回った（下回った）場合に、その増（減）収入の20％について指定管理料を増（減）させている。

2 組織と人員の体制

両館の組織は、図3の通りである。

美術館の指定管理者は、（株）SPSしまねである。サントリーグループのサントリーパブリシティサービス株式会社の関連会社で、同社が100％出資している。1期目（3年）、2期目（2年）、3期目（5年）を経て、2015（平27）年4月から4期目となる。支配人が指定管理業務の全てを統括している。現在の支配人は、3代目で5年目（2015年6月現在）となる。以前、山梨県立美術館の指定管理者の支配人をつとめたことがある。マネージャーは、広報・営業、運営・監視・イベント、総務・施設をそれぞれ担当する。アテンダントは、直営期の人たちを継続雇用しつつ、新規に若年者を採用している。

県の方は、研究職の館長（非常勤）が展覧会の指導・助言や、他館との借用交渉、保存修復、管理などの学芸業務に関する指導を行い、事務系管理職の副館長が館全体の業務を統括する。しかし、副館長は、これまで短いサイクル（平均2年）で人事異動が行われてきた。平常業務を行うには支障はないが、過去の業務内容の再検討や、中長期的な視点をもった運営については、首長部局の所管課と共同で臨むことになる。

歴史博物館の指定管理者は、地元の電鉄会社が中核になるミュージアムいちばた（（株）一畑電気鉄道、（株）丹青社、近畿日本ツーリスト（株）の3社からなる共同企業体）である。指定期間は1期5年。調査した時点では2期目の5年目（2015年5月現在）になる。一畑電気鉄道から総括責任者の支配人とマネージャー2人、丹青社と近畿日本ツーリストからマネージャーを1人ずつ配置している。支配人は、開館前の準備段階から通算すると10年になる。指定管理者は、広報、営業、集客、監視、イベント、施設管理などの業務を行う。アテンダントも指定管理者のスタッフである。

一方、歴史博物館の館長と総務部長は、県の事務系の管理職がつとめる。館長は平均2年ごとに交代しており、現在の館長は5代目（2015年5月現在）で

36 第Ⅰ部 指定管理博物館の現状と課題・展望

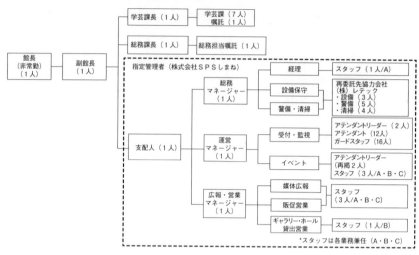

図3-1 島根県立美術館の組織と人員配置（島根県提供）

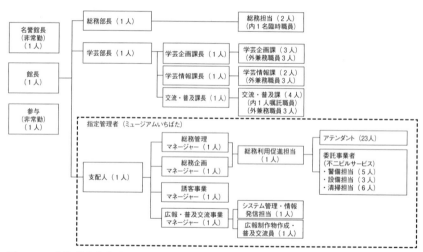

図3-2 島根県立古代出雲歴史博物館の組織と人員配置（島根県立古代出雲歴史博物館 2016より）

ある。総務部長もほぼ同じサイクルで異動している。学芸員は13人いるが、古代文化センター、県埋蔵文化財調査センター、教育庁文化財課と人事交流することになっている（嘱託職員１人は除く）。なかでも古代文化センターは県内の主要な調査研究の機能を有し、その成果の一部を歴史博物館で公開する役割分担をしており、学芸員の人事異動はそれに連動している。

3　年間経費とメリットシステム

　美術館と歴史博物館の2014（平26）年度の指定管理料は、約２億7,000万円とほぼ同額であった。

　美術館の指定管理期間は、2015（平27）年度から第４期目に入っている。４期目の指定管理料は、約2,000万円増の２億9,000万円（島根県 2014）となった。施設管理業務に伴う経費の増を賄うために、県と指定管理者が事前に協議を重ねた結果だといえる。

　先述した「メリットシステム」については、両館の取り扱いが異なることはすでに述べたが、これまでに、両館の指定管理者ともメリットシステムで増収経費を受けたことがあり、ペナルティはない。しかし、メリットシステム経費は、指定管理者の活動のインセンティブには必ずしもなっていない。なぜならば、入館者数が増えれば、それに伴って相当額の人件費、光熱水費などの増加があるためである。

4　県と指定管理者が業務を分担する

　両館に共通していることは、県が館全体を統括することと、学芸業務とその関連業務を県職員が行うことである。そのために美術館と歴史博物館の学芸員は、学芸業務に専念することができる。学芸業務とは、資料の収集保管、調査研究、企画展・常設展事業、教育普及事業などである。ただし、歴史博物館の場合、学芸員は古代文化センターで調査研究し、その成果の一部を博物館の企画展で公開することになっている。

　指定管理者は、広報、営業(誘客)、監視、イベント、施設管理などを行う。なかでも指定管理者には、広報や営業活動が期待されている。美術館の支配人は、サントリーの営業部署で勤務していた経験を振り返る。同社は「消費者」

でなく「購買者」、スーパーは「売り場」でなく「買い場」というように、常にお客様に買っていただくという姿勢をもっているそうである。両館の指定管理者は、それぞれの特徴をいかして広汎な広報活動を展開するために、マスコミやSNSの活用も積極的に進めている。

　ここでとくに注目しておきたいことは、県職員と指定管理者職員との風通しが良いことである。両者は同じ部屋で業務を行っているため、双方の話していることが聞こえる距離感で、一緒に働いている感じである。日常的に意思疎通ができると、いろいろな波及効果が生まれる。例えば、美術館は「家族の時間」を毎週木曜日の午前中に設けている。母親に子どもに気兼ねすることなく美術の鑑賞をしてもらおうとするもので、その時間帯は子どもが館内を走っても、大きな声をあげても構わない。親子づれで美術館に足を運んでもらうために行われている。県と指定管理者の担当者がブレーンストーミングして、このようなアイディアが生まれたという。

　同じような運営形態の館では、両者の部屋を別々にしている館が多い。すると、お互いに「相手が何を考えているのか分からない」状態になるということを聞くが、両館では業務を分担しながらも、うまく連携がはかられている。

5　入館者数の推移

　図4は、開館以来の美術館の入館者数の経年変化を示している。開館した年は50万人台であったが、翌年から減少し続けた。だが、指定管理者と共同運営するようになってから下げ止まった。もちろん美術館の場合は、企画展の人気に応じて入館者数は変化する。しかし、減少を続けていたことは必ずしも企画展ばかりが原因とはいえそうもない。22万人で下げ止まった後、5年後（2009年度）には36万人に達したこともあった。企画展の注目度に応じて変化するものの、その後はほぼ23万人で推移している。指定管理者の働きが一定の成果を上げているようだ。

　なお、観光客の来館状況はどうだろうか。松江市の中心部を訪れる観光者数と入館者数の推移を比較する。2001（平13）年度以降、観光客数は750万～900万人の幅で推移していたが、2013（平25）年には出雲大社の遷宮祭の波及効果により1,000万人に達した。入館者数は、前年の22万6,000人から4,000人増加

した。観光者数の増加率に比べれば、はるかに少ない。美術館には遷宮の波及効果はほとんどなかったようである。これまでの同館の来館者はその８割が市内や松江市を中心にした島根県内と隣接する鳥取県（米子、境港など）からだといわれていた（岩井 2013）が、どうやらそのことを裏付けているようである。

　一方、歴史博物館はどうだろうか。開館当時は地元の出雲市や県内の来館者が多かった。その後は県が目標とする20万人でほぼ推移した（図５）。2011（平23）年に、指定管理者が調査したところ、出雲大社への参拝者が多い神在月（10月）と正月に博物館への入館者数が伸びていなかった。そのため出雲大社境内でチラシを配布するなどの様々な誘客対策を実施したこともある。

　2012（平24）年、出雲大社の参拝者数は前年度248万人から348万人へと100万人も増加した。さらに遷宮の年には一気に804万人と２倍以上に増えた。博物館の入館者数も20万人から50万人と２倍以上になった。単純計算すれば、出雲大社の観光客16人に１人が来館したことになる。このように歴史博物館のターゲットは、出雲大社の参拝者（関西・東京方面など）と重なっている。集

図４　島根県立美術館入館者数推移

40　第Ⅰ部　指定管理博物館の現状と課題・展望

図5　島根県立古代出雲歴史博物館の入館者数推移

客は「門前町効果」が大きく作用していることが分かる。

6　アテンダントの活躍

　美術館では、直営期に受付業務やアテンダントによる監視や接遇業務を外部委託し、広報や普及事業などを県職員が行っていた。これらの業務を指定管理者が引き継いだ。指定管理者は年2回程度の研修をし、毎日、開館前にはミーティングをしている。

　そのほかに、指定管理者は営業(誘客)や講演会・講座、映画会、ワークショップなど多彩なイベントを行っている。

　近年は、地域に開かれた美術館を目指して、地元の商店との連携にも取り組んでいる。2013（平25）年の小企画展「松平不昧展」では、地元の和菓子店や茶店舗の協力を得て、店頭にチラシやポスター、割引券を置いてもらい、和菓子店のマップを作成して来館者に配布した。翌年、企画展「水辺のアルカディア展」（2014年3月20日〜6月16日）の期間中は、近隣のカフェとタイアップした広報活動を行った。

第3章　設置者と指定管理者が業務を分担する指定管理館　41

写真5　アテンダントが商店を訪問する（ミュージアムいちばた提供）

写真6　アテンダントが中学生に接遇講習する（ミュージアムいちばた提供）

　いずれの事例も美術館と商店の双方がWin-Winの関係になるように工夫している。商店は、これまで美術館側からの依頼を受けてポスターやチラシを置くだけであった。しかし、自分たちの店を宣伝してくれるのであればと、取り組みにも力が入る。指定管理者は、このような広報的な視点やネットワーク構築の観点からも、地域との連携に取り組んでいるのである。

　歴史博物館の方も同じように、出雲市や出雲大社の門前町との地域連携に活発に取り組んでいる。アテンダントは、その中心的な役割をはたしている。例えば「見学研修会」は、地元の歴史や文化の理解をはかるために実施している。出雲大社関係者や地域の人たち向けの内覧会は、館の活動を理解してもらい、

地元ファンの獲得を目指している。また、門前町の神門通り(しんもん)（70〜80店舗）を訪問し、ポスターやチラシを配布してコネクションづくりをする（写真5）。スタッフにとっては情報収集の機会にもなっている。そのほかにもアテンダントは、地元の中学校から接遇講習の講師にも招かれている（写真6）。すると講習を受けた生徒が来館するようになる。それまでのアテンダントの業務から進化した、新たな取り組みがはじまっている。

アテンダントは来館者と接する最前線で、来館者のニーズやクレームを知ることができる。それらの情報をもとに「アテンダントが推薦する展示品10選」などのように、アテンダントが展示の改善を提案したものを、学芸員が採用したこともあるという。

以上のように、アテンダントは、当初は受付や来館者の接遇をしていたが、経験を重ねるにつれて自発性が生まれ、様々な企画のアイディアが出されるようになった。それが来館者サービスの向上や地域の人たちとの連携活動になり、アテンダントの仕事に対するモチベーションを高めることにもなっている（図6）。

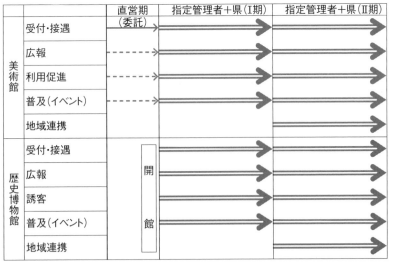

図6　指定管理者の事業の推移（島根県立美術館・島根県立古代出雲歴史博物館）

7 島根県立美術館―指定管理者が問題意識をもつ―

　美術館の指定管理者は10年の経験を有している。現地調査のなかで少し意外に思ったことは、指定管理者の支配人が現状を見据えて、今後のビジョンを構築していくことの必要性を力説していたことであった。開館から17年も経つと、社会環境は大きく変化する。民間企業の発想からすれば、当然のことながら企業には自己改革が求められる。美術館も同じではないかということになる。

　そこで、指定管理者は、「フューチャーセッション」というワークショップを行った。「自分のこととして美術館の将来を考えること」に関心をもつ人たちを募集したところ、20人の参加者があった。テーマは、〈こどもたちに素敵な思い出ができる美術館をつくろう〉というものである。指定管理者は、利用者にとって美術館はどのような存在になっているのかを知ることを目的にした。高校生から60代までの参加者たちは、美術館が身近になるためのアイディアを出しあうことを通して、美術館はなくてはならない存在であることを改めて確認することができたという。

8 島根県立古代出雲歴史博物館―県と指定管理者が誘客プロジェクトをはじめる―

　歴史博物館の方は、出雲大社の遷宮後の集客力の低下を懸念して、次なる手段に着手した。それが誘客プロジェクトである。館長が統括し、総務部長と支配人が実務上のトップになり、県職員（学芸、総務）、指定管理者メンバーやアテンダントが調査メンバーとなり、先進地調査などを行い、誘客戦略の検討や提案を行った。

　先進地調査は3チーム（東京、北陸、九州）に分かれて、各地の博物館を調査した。参考になった事例の一つとして、江戸東京博物館の「3T戦略」があったという。プロジェクトは、それを下敷きにした「3T会議」を設置した。同会議では、まず県（学芸、総務）と指定管理者が、企画展などの情報交換を早い段階からはじめ、続いて展示内容に沿った広報活動の企画立案を行う。さらに観覧者にとってわかりやすい展示となる工夫をする。すなわち、3T―ターゲット、タイムリー、トップオブセールス（タイトル）―の視点を両者間で共有しながら共同作業した。その結果、指定管理者は、事前に広報戦略を立てや

すくなり、博物館は集客につながる効果を期待することができるようになった。

　学芸課長は、指定管理者との共同運営について、双方が常に緊張感や問題意識をもって業務に取り組んでいることや、そのことがスタッフのモチベーションや業務の質の向上に反映されていることを評価している（浅沼 2010）。

9　その評価

　これまで、指定管理者制度においては業務の継続性が疑問視されてきたが、両館ではスタートの時点からこれまでの間、同じ企業が指定管理者となり、結果的に10年ほど継続している。また、設置者と指定管理者の意思疎通が足りないと、運営に支障を来すこともあるが、両館の場合は、県と指定管理者は日常的に協議できる関係性を有している。そのことを前提にすると、両館にとって指定管理者を導入したメリットを、次のように評価することができる。

　一つに、安定した館の運営をすることができる。県職員（館長・副館長・事務職）の異動は平均２年単位となっていることが多い。すると業務の継続性に不安定感がある。指定管理者が入ることにより、その不連続や停滞に対する懸念を回避することができる。また、民間企業と共同することで県職員の刺激にもなっている。

　二つに、学芸員が学芸業務に専念できるようになる。直営期には広報やイベントなども学芸員が担当していた。しかし、指定管理者が担当することによって、学芸員の専門性が担保されるようになり、直営期よりも学芸の専門業務に従事できる時間が増加し、業務が改善したといえる。

　三つに、業務を分担することにより効率的な運営ができる。それを実現するためには館長によるトップの統率力が問われることになる。歴史博物館では、館長が統率力をもち、県職員と民間企業のカラーの違いをうまく融合させることに成功した。館長は民間の競争原理を理解し、役所の制度や仕組みの縛りを軽減させて、指定管理者の業務が円滑に進むように配慮したからだと思われる。

　四つに、指定管理者による挑戦的な試みができるようになる。これまで県立クラスの大規模館は地域と連携することはほとんどなかった。しかし、アテンダントの精力的な活動により、博物館や美術館の存在が地域に浸透しつつある。アテンダントも「経験知」を増やすことにより業務の幅が広がるようになって

いる。

　五つに、積極的な広報により両館の認知度がアップしたことである。広報には民間企業のネットワークがいかされている。スピード感があり、品質も良くなっている。

　六つに、きめ細かい来館者サービスが行われる。アテンダントは、来館者と毎日接している。来館者のニーズを把握して、自ら改善策を提案して事業にいかす。サービスが固定化することなく、毎年のように向上していることも両館の魅力の一つになっている。

2．愛媛県歴史文化博物館

　2015（平27）年9月、法政大学で「公立博物館・美術館の指定管理運営館の現状と課題」というテーマのシンポジウムを開催した。「日本の博物館総合調査研究」（科学研究費補助金、代表者：篠原徹）の研究活動の一環として、筆者が企画したものである。参加者は155人。当日の報告者は7人の指定管理館の関係者であったが、その一人として、愛媛県歴史文化博物館の学芸員にも登壇していただいた。愛媛県歴史文化博物館は、設置者の自治体と指定管理者が業務を分担している県立館である。シンポジウムでは、直営期と比べて指定管理者制度を採用してから、良くなった点や問題点などを具体的に議論することができた。

　筆者は2014（平26）年9月に現地を訪れた。歴史文化博物館は、JR予讃線の卯之町駅を降りて、西予市宇和町の市街地を通りぬけて20分ほど歩いた丘陵上にある。同館の学芸員は県職員10人、普及業務を担当する指定管理者学芸員が3人である。2014（平26）年度の入館者数は約11万人。

1　指定管理者制度を導入した経緯

　同館は1994（平6）年の開館以来、県が直営してきたが、2001（平13）年度の包括外部監査により、費用対効果が良くないという指摘がなされた。

　2005（平17）年、本庁の行革担当部門で施設のあり方の見直しがはじまり、このまま何もしなければ閉館もあり得るという危機感を職員がもつようになっ

たという。2007（平19）年度には、歴史文化博物館から、同博物館を所管している本庁の教育委員会事務局に学芸員が配置され、見直しの検討作業が行われ、同年11月に県としての見直し方針が決定された。その結果、同館は専任の学芸員が担当する業務を除いた業務（教育普及、広報宣伝、総務・経理、施設管理など）について指定管理を導入することになり、この方針にもとづき、2008（平20）年に指定管理者の公募、選定が行われた。

　ここは島根県立美術館などのように業務分割方式であるが、少し異なる仕組みになっている。島根県では入館料収入を県の歳入にしているが、愛媛県は利用料金制を採用しているため、観覧料収入はすべて指定管理者の収入になる。そのため、島根方式と区別して、「愛媛方式」とも呼ばれる。

　指定管理者は、イヨテツケーターサービス㈱（現伊予鉄総合企画㈱）といい、地元の私鉄である伊予鉄道の子会社である。2009（平21）年に指定管理者による運営が開始され、指定管理期間は1期5年間である。

　県と指定管理者の業務を具体的にみると、展示業務と普及啓発業務については、県と学芸課で協議してテーマや内容を決める。県の学芸員は企画や調査、資料の借用、原稿執筆、講座の講師等の専門的な仕事を担当し、指定管理者はそれ以外の契約、支出、広報、会場運営、関連イベント等の業務を担当する。学芸員のもつ専門性に、民間企業の機動力を組みあわせることによって活性化をはかっている。

2　組織と人員

　県職員の館長（行政事務職）が館務全体を統括している。学芸部門は、学芸部長のもとに学芸企画課、学芸情報課、交流普及課の3つの課が置かれている。一方、指定管理者は統括責任者の下に、総務系と普及系の業務グループが置かれている。学芸員のうち1人は概ね3年単位で本庁の教育委員会事務局生涯学習課に異動して、博物館や指定管理に関わる事務を担当し、現場との連絡調整をはかっている。

　学芸部門と指定管理者は、互いの業務を協議し、確認するために毎週、連絡調整会を実施しているが、さらに県の生涯学習課や指定管理者の本社も加わる拡大連絡調整会を月1回行っている。これによって情報と目標管理の共有をは

かっている。現場任せにすることなく、本庁と指定管理者との風通しを良くすることに配慮している。

3　指定管理者を導入した効果

　指定管理者制度を導入した結果、直営期からどのように変わったのだろうか。
　まずは、入館者が増加したことである。直営期の最後の年は約8万3,000人であったが、指定管理導入後は10万人から15万人の幅で入館者数が推移している。年度により幅はあるものの、明らかに増加している。
　二つめは、利用者にとって身近な展覧会を開催できるようになったことである。近年の事例として、特別展「忍たま乱太郎　忍者の世界」展をあげることができる。「忍たま乱太郎」というと、一般的に、NHKで放映している人気アニメ作品という印象が強い。しかし、原作の連載は30年以上続いており、歴史考証に裏打ちされた作品である。同館は、愛媛の村上水軍をモデルにしたキャラクターが登場していることから、企画したという。
　現地調査に訪れた日に筆者も見学したが、展示は原画の展示に加え、実際の歴史資料との対比等も行われ、歴史系博物館としての視点や特色を打ち出すことにつとめていることを理解することができた。エントランスホールでは、指定管理者による、様々な関連イベントが行われた。展覧会やイベントに対する来館者の反応は良く、若年層も多く来館した。Twitter等でも高い評価が寄せられたそうである。
　三つめは、広報や参加型イベントを充実させることができるようになったことである。指定管理者のスタッフが、毎週、体験型ワークショップを実施する。また、小学生を対象に県内の祭礼の様子を描いた絵画コンクールを開催しているが、毎年1,000枚以上の作品の応募がある。埴輪をヒントにした「はに坊」という博物館のキャラクターをつくり、その着ぐるみが館内に出没したり、県内で開催するイベントにも参加したりするなど、ほかの博物館では聞かないようなユニークな広報活動をしている（写真7）。さらに、直営期より子どもや家族向けのイベントを充実させることで、来館者が増えるようになり、リピーターの確保にもつながるようになった。
　四つめは、閉鎖していたミュージアムショップ、軽食コーナーを再開したこ

写真7 キャラクターの「はに坊」が来館者を出迎える（愛媛県歴史文化博物館提供）

とである。直営期に、業者に委託して営業していたが、不採算を理由に撤退していたものを、指定管理者が入ってから再開することができるようになった。

五つめは、県の負担額を直営期よりも3,000万円ほど削減したことである。直営期の人件費を含む県負担額（2008年度）は約3億2,000万円であったところが、指定管理者と県職員の人件費とあわせて約2億9,000万円（2009年度予算）となっている。

4　学芸員が学芸業務に注力できる

学芸員が、学芸業務に注力できる環境が整うようになったことも特筆される。直営期には、行革や財政難を理由に予算や人員が大幅に削減され、直営末期には学芸員も総合受付や展示監視にローテーションで入っていたという。しかし、指定管理者制度を導入したことで、業務内容の切り分けと整理を行い、以前よりも学芸員が学芸業務に力を注げるようになった。

学芸員は、資料の収集、整理保管、調査研究、企画展や特別展の立案や実施のほかに、ボランティアとの連携、学校への出前授業や資料貸出、博物館資料を活用した高齢者向け回想法の試行などに取り組むことができるようになっている。

5　県と指定管理者との意思疎通をはかる

島根県立美術館や島根県立古代出雲歴史博物館でも確認することができたが、歴史文化博物館も県と指定管理者との意思疎通をはかることに配慮している。そのポイントの一つは、同一の部屋で仕事をする「相部屋方式」にしていることである。

事務室はもともと1室だったところを、仮設の扉で中央を仕切り、県と指定管理者の仕事部屋にしている。勤務時間中も仮設扉は常時開放されており、互いに行き来しているが、閉館して事務室が無人になる時に限り、お互いのパソコンの情報保守の関係で、扉を閉めて施錠することになっているという。

　学芸員によれば、「同じ部屋で働いているため、普段からいろいろな相談をしています」というように、日常的に意思疎通をはかることができている。そのような職場環境が前提となり、連絡調整会や拡大連絡調整会も形式化せずに、実質的な意見交換や業務の調整の場になっているようである。

　例えば、施設の老朽化による修繕問題があると、指定管理者が修繕や改修が必要な箇所・金額・緊急性をランクづけしたリストを作成しておき、それを学芸課・県教育委員会（生涯学習課）・指定管理者・指定管理者本社の4者で共有しておく。そして、緊急性と修繕費の執行状況をみながら、4者による調整会議の場で修繕時期と内容を検討し、指定管理料で収まらない多額な経費がかかる修繕については、生涯学習課から財政部局に対して予算要求をするプロセスになっているそうである。

6　中期運営計画を策定する

　歴史文化博物館では、さらに重要な運営ツールとして「中期運営計画」を作成していることをあげることができる。「愛媛県歴史文化博物館中期運営計画」は、2008（平20）年6月の博物館法の改正により、同法第9条で博物館活動の評価が努力事項として盛り込まれたことを踏まえ、県と指定管理者双方が目標を共有し、県民サービスの向上や博物館本来の使命の充実をはかるための評価の指針として策定した。

　県と指定管理者が協議しながら作成したもので、博物館活動や目標管理を具体的な指標にしている。収益性、質保証、入館者数に関する項目などからなる。これは県教育委員会の定例会に報告事項として付議し承認を得る。計画期間は5年間、指定管理の期間と一致させており、全文をホームページで公開している。館が独自に作成した自己点検というものではなく、現場の県職員や指定管理者に加えて、本庁とも共有することができる事業評価である。学芸員によれば、博物館の日々の活動を律する背骨となっているし、運営状況を点検し改善

50 第Ⅰ部 指定管理博物館の現状と課題・展望

する基礎資料になっているという。

　以上のように、島根県立美術館の「フューチャーセッション」などのような
取り組みが愛媛県歴史文化博物館では組織的に行われている。第2章3節で紹
介したように、多摩六都科学館でも中長期計画を開館20年後に作成している。
愛媛県歴史文化博物館や多摩六都科学館では、設置者と指定管理者の双方が計
画を共有しながら運営しているのである。

　一方、島根と愛媛の共通点はどうだろうか。まず、県と指定管理者が同じ価
値観を共有して協働していることがあげられる。筆者による現地調査でも、両
者は対等の立場で、ともに館を運営していることを確認することができた。そ
の際、同じ部屋に同居して仕事場を共有していることは、予想以上に重要なこ
とだと思う。また、県としても本庁との意思疎通をはかるために学芸員を異動
させて風通しをはかっている。

　次に、県と指定管理者の業務を明確に区分することにより、とくに学芸員が
学芸業務に集中できる環境が整うようになった。また、次々に新しいアイディ
アが生まれ、それを実践していることである。指定管理者ばかりでなく、県側
からも提案が出され、お互いに相乗効果をもたらし、博物館の利便性を高めて
いくことにつながっている。

第4章　指定管理館と直営館の量的データの比較

　第2章と第3章でみてきたように、指定管理館においては、来館者サービスや広報力などが向上するようになり、その結果として利用者数が増えていること、また様々な実状の一端が現地調査により判明した。

　このことから、全国の博物館と自治体の状況に目を向けると、次のような疑問がわいてくる。指定管理者制度を導入している自治体の状況は、どのようになっているのだろうか。自治体の規模と指定管理者制度の導入状況には、何らかの傾向があるのだろうか。大規模な自治体と小規模な自治体（人口10万人未満の自治体）は、同じように指定管理者制度を導入しているのか、そうではないのか。

　また、第1章では、指定管理者制度を博物館に導入することにより生じている期待や危惧について触れたが、指定管理館は直営館よりも経営改善がはかられるようになっているのだろうか。指定管理館の事業の継続性やコレクションの収集・保存活動や調査研究の取り組みはどのようになっているのか。指定管理館は直営館よりも劣っていることはないだろうか、といったことなどについて、全国の公立博物館の実態をより広範に探ることにしたい。

　筆者は、文部科学省科学研究費基盤研究B「日本の博物館総合調査研究」（平成25年度〜平成27年度）プロジェクトメンバーの一員として、「指定管理者制度」を研究テーマにした。プロジェクトでは博物館の現状を調査するために、全国4,045館を対象にアンケート調査をしたところ、2,258館から回答を得ることができた。プロジェクトの一員の杉長敬治氏により、公立博物館の指定管理者制度に関する詳細な量的データ分析が行われた（杉長 2015a）。本章では、杉長氏のデータ（杉長 2015b）をもとにしながら、動植物園・水族館を除いた博物館（総合、郷土、美術、歴史、自然史、理工）について分析することにする。

1. アンケート調査

　2015（平27）年度社会教育調査によれば、日本の博物館は5,683館にのぼる。そのうち公立館は4,292館もあり、全体の76％を占めている（図7）。直営館3,013館の内訳は、都道府県201館、市(区)1,964館、町733館、村113館、組合2館。指定管理館1,279館は、公設財団法人（一般社団法人、一般財団法人、公益社団法人、公益財団法人）651館、民間企業277館、NPO法人93館などである。

　『日本の博物館総合調査』は、2013（平25）年12月1日を基準日に4,045館に調査票を送付し、2,258館（回収率56％）から回答があった。そのうち公立館は1,727館あり、その内訳は指定管理館475館（公益法人312館、企業100館、NPO28館、その他35館）、直営館1,252館(都道府県127館、区22館、指定都市66館、市769館、町235館、村30館、組合ほか3館）である。

　なお、直営館も指定管理館と同じように、自治体の規模に応じて財政、人員、施設面などに格差がある。直営館を一括りにして指定管理館と比べるには無理があるために、本分析では館種と設置者を考慮して検討することにした。

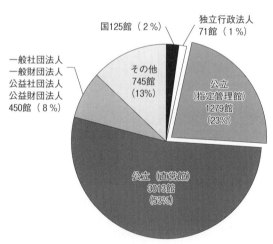

図7　設置者別にみた博物館数（平成27年度社会教育調査（中間報告）より）

2. 指定管理者を導入した自治体の状況

1 指定管理者制度の導入率

アンケートの回答があった博物館について、自治体別に指定管理者の導入状況を比較すると、人口規模に応じて指定管理者の導入率が異なることがわかる。都道府県は指定管理館の割合が高く、42％の博物館で指定管理者制度を導入している。指定都市では42％、東京23区では33％の博物館が指定管理を導入している。市町村をみると、やはり人口規模が大きいところほど、指定管理者制度の導入率が高い。人口50万人以上の市では、指定管理館の割合が52％となっているが、人口規模が小さい町村になると10数％と少ない（図8）。

2 指定管理館の運営者

自治体が出資して設立した公設財団法人が最も多く、312館（65％）である。次いで、企業が100館（21％）、NPOが28館（6％）などとなっている。公設財団法人が最も多い理由は、指定管理者制度が導入される以前、当該の自治体が管理運営業務を委託していたが、地方自治法の一部改正（244条の2）により、「公の施設」については、自治体が直営にするか、指定管理にするのかを2006（平18）年までに選択しなければならず、それら多くの自治体は管理運営

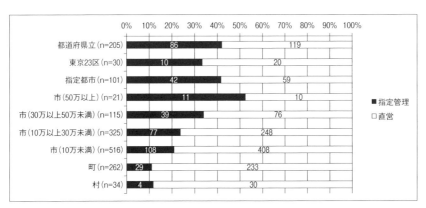

図8　自治体別にみた指定管理者制度の導入状況

業務を委託していた公設財団法人を指定管理者にしたことによる。

3　指定管理館の開始年

2003（平15）年に指定管理者制度が施行され、翌年から博物館にも導入されるようになり、2006（平18）年に大幅に増加した。先述した通り、同年は公設財団法人による運営館を自治体が直接運営するか、指定管理者に移行するかのどちらかを判断する期限であった。そして、多くの自治体が公設財団法人（185館）を指定管理者にすることを選択したのである。同年には、企業（21館）やNPO（7館）も指定管理者となっている。2007（平19）年以降の3者の具体的な様子を図9に示す。2010（平22）年度以降は、公設財団法人やNPOの運営館は減少するものの、企業館はさほど変化せずに推移している。2013（平25）年までをみる限り、企業が一定数の博物館を指定管理館として運営管理している様子をみることができる。

4　契約期間

指定管理の契約期間は5年が61％と最も多く、次に3年が21％、4年が10％

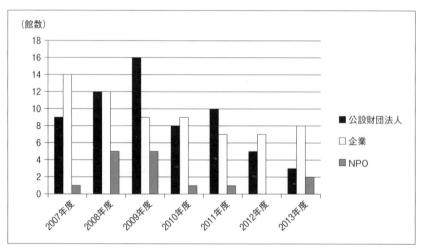

図9　指定管理の開始年（2007年度以降）

の順になる。6年以上は3％と少ないが、公設財団法人のなかには最長10年の
ところもある。第1期目を3年ではじめたところは、2期目になると5年に変
更しているところが多い。その結果、約6割の指定管理館の契約期間が5年と
なっている。

5 指定管理の業務範囲

　公設財団法人館は、指定管理者制度の導入以前に運営していた全業務を継続
している場合が多い。企業やNPOも、それぞれ単独で指定管理者になってい
るほかに、共同で業務分担をしている場合もある。
　企業の場合は、ほとんどが民間企業であるが、なかには自治体が出資母体と
なり設立した企業もある。NPOと公設財団法人は、単独で全業務を実施する
ところが多いが、企業では比較的少なく、自治体や他の企業などと共同運営す
る割合が高いことが特徴となっている。管理・サービス・広報などは民間企業、
学芸部門を自治体が役割分担する業務分割方式の「島根方式」もこのなかに含
まれる。

3．施設の規模とコレクション数

1 施設の総床面積

　指定管理館と直営館の施設規模を比べてみると、前者は平均4,000㎡に近い
のに対して、後者は2,400㎡ほどである。指定管理館のうち、企業は4,000㎡を
超えるものが一般的であり、公設財団法人は4,000㎡弱、NPOは1,000㎡台の
館が中心となっている。

2 コレクションの点数

　指定管理館は、直営館に比べてコレクション数は少ない。平均すると指定管
理館は約1万9,000点なのに対して、直営館では約2万5,000点となっている。

4．指定管理館と直営館で共通すること

1　収集・保管活動と調査研究の取り組み

　収集・保管活動と調査研究に関して、指定管理館と直営館を比較してみると、両者の間に際立った差がない。両者とも「調査研究にあてる予算措置がされていない」という回答が最も多く、直営館は59％、指定管理館も49％にのぼる。両者とも調査研究に関する財政状況が良くないことがわかる。全体として、直営館も指定管理館も資料の収集・保管、調査研究に関する活動が不活発な傾向が見られる。積極的にやっているところもあるが、全体的にみると、両者とも博物館の基本的な機能に関する学芸活動が制約を受けていることがうかがえる（図10）。

2　資料台帳の作成

　両者とも5割程度は、コレクションの〈ほとんどすべて〉を台帳に登録している。しかし、〈半分程度〉以下しか登録していない館が3割程度ある。直営

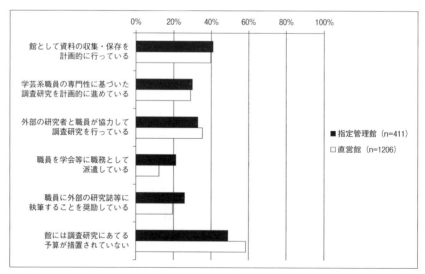

図10　収集・保管活動と調査研究の取組み（複数回答）

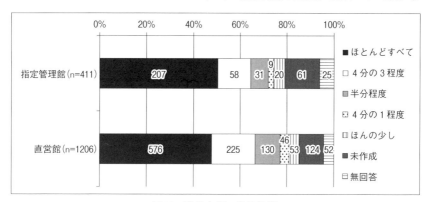

図11　資料台帳の登録状況

館において資料登録の作業が進まないことは、これまでの博物館調査においても明らかになっている（日本博物館協会 2005）が、指定管理館においても、その傾向に変わりないようである（図11）。

　しかし、見方を変えれば、ともに6割以上の館は、コレクションの大部分を資料台帳に登録しているともいえる。残りは、例えば理工系博物館の現地調査で判明したことだが、収蔵するようなコレクションがなく、そもそも資料台帳がない場合もある。歴史民俗資料館や記念館のなかにも資料台帳を有していないところがある。また、〈未作成〉や〈無回答〉には、紙媒体の資料台帳ではなく、パソコンによるデータ管理をしている場合も含まれていることが推察される。

3　資料目録の作成と公開

　収蔵品を目録化している状況を調べると、紙媒体や電子媒体による「資料目録」の作成は両者とも50％前後である。一方、そうした資料情報を公開している館は、そのうちの半数にみたない。資料の画像公開（館内端末、館のホームページなど）は、およそ2割、ホームページ上での目録情報の公開は1割程度しか実施されていない。このような状況も指定管理館と直営館は、ほぼ共通している（図12）。

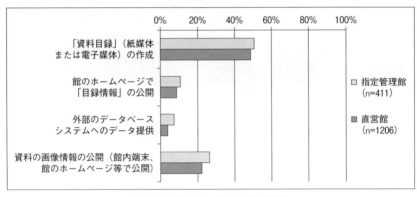

図12 資料目録の作成と公開状況

5．指定管理館と直営館で異なること

1 マネジメント

①館の目的・使命を明示（図13）

パンフレットやホームページ、館内の掲示を通じて館の目的や使命を公開しているのは、指定管理館が85％に対して直営館が76％と指定管理館の割合が少し高くなっている。

現地調査の結果、指定管理館にもミッションを作成していない館のあること

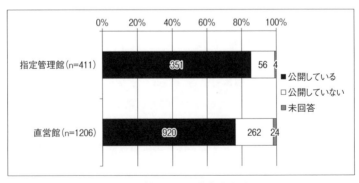

図13 館の目的・使命を明示

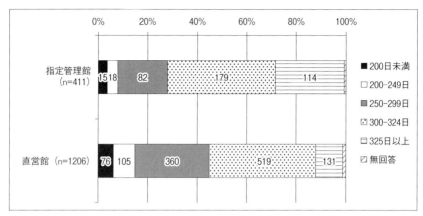

図14　年間の開館日数

がわかったが、アンケートによれば多くの指定管理館がミッションを作成している。設置者が示した運営方針を踏まえて指定管理者が独自にミッションを作成しているところもある。

②年間の開館日数（図14）

年間の開館日数の基準を250日とすると、それ以上開館している館は指定管理館92％、直営館84％である。そのなかでも300日以上は指定管理館72％、直営館54％となり、さらに325日以上は28％と11％というように、指定管理館は直営館より開館日数が多い。現地調査では、指定管理者になってから開館日数を増やしたところが多いことがわかったが、本データはそのことを裏付けている。

③広報活動（図15）

広報は、全般的に指定管理館の方が積極的である。ウェブサイトによる広報を行う割合が最も高いが、指定管理館の方が上回っている。プレスへの広告依頼の割合も高い。新聞広告や交通機関の広告、電子メール、SNSによる広報も指定管理館が直営館よりも積極的に行っている。

指定管理館のなかでも、とくに企業館は広告宣伝に一定額の経費をかけているが、過剰にかけることはしていない。指定管理者が地元の新聞社などのマスコミや電鉄の場合には、自社の広告媒体を利用することができるし、ほかの業

60　第Ⅰ部　指定管理博物館の現状と課題・展望

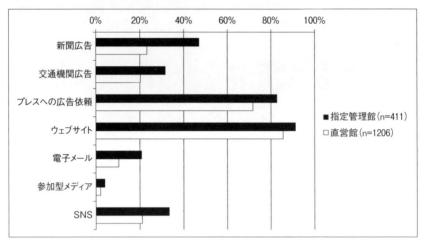

図15　広報活動実施状況（複数回答）

種であっても企業間の協力関係をつくるなどの工夫により経費を抑えているようである。

　④博物館の運営状況の評価（図16-1〜4）

　博物館法には、運営状況の評価について、「（第9条）博物館は、当該博物館の運営の状況について評価を行うとともに、その結果に基づき博物館の運営の改善を図るため必要な措置を講ずるよう努めなければならない」と規定され、

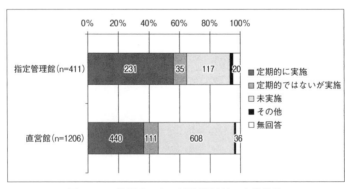

図16-1　設置者による博物館評価の実施状況

第4章　指定管理館と直営館の量的データの比較　61

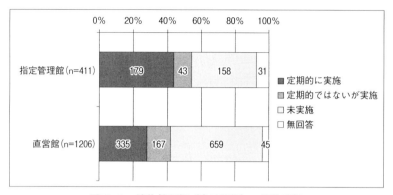

図16-2　博物館評価（自己評価）の実施状況

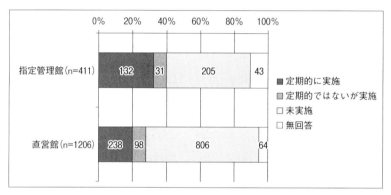

図16-3　博物館評価（外部評価）の実施状況

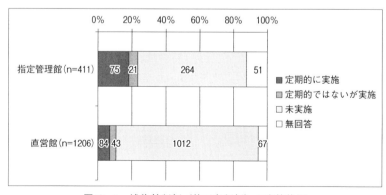

図16-4　博物館評価（第三者評価）の実施状況

62 第Ⅰ部　指定管理博物館の現状と課題・展望

運営の状況を評価することが努力義務になっている。

　図16-1は、設置者による評価（公立博物館の設置者である地方公共団体が行う評価）を実施している状況を表したものである。指定管理館では、「定期的に実施する」ものと、「定期的ではないが実施」をあわせると、66％の館で設置者による評価（設置者評価）が行われている。なかでも県立や指定都市の実施率は80％ほどと高く、人口規模の少ない市町村は少し低くなっている。それに対して、直営館では設置者評価を実施している館は46％と2館に1館程度の割合であり、指定管理館よりも低くなっている。

　博物館が実施する評価には設置者評価のほかに、自己評価、外部評価、第三者評価がある。自己評価とは、主に館の職員が評価者になる評価をいう。外部評価は、外部の有識者などが評価者になる。第三者評価は、外部の者が評価者となるだけでなく、評価内容や基準を設定したり、評価に深く関わり主導するものである。

　各評価の実施状況をみると、自己評価（図16-2）、外部評価（図16-3）、第三者評価（図16-4）の順に実施率が低くなる傾向がみられるが、いずれも指定管理館の実施率の方が高くなっている。

　なお、指定管理館も直営館も、自己評価を実施している館のうち、その結果を公開している館は50％以下となっている。同様に、外部評価は約50％、第三者評価は60％前後となっている。このように評価を実施している館でも、評価結果を公開していない館がみられる。当初、評価を実施している館では、その結果をほとんどが公開しているのではないかと予想していたが、指定管理館も直営館も、公開していないことがわかり予想外であった。

　それは運営者の判断ばかりでなく、設置者が関与することもあるという。数年前に開設した直営館から聞いたところによると、館長が外部評価の結果を公開しようとしたところ、本庁の所管課から許可が下りなかった。その理由は、評価結果が満点ではなかったからだという。

　そもそも評価とは、不備を確認し、それを改善することを目標にするためのものである。公共機関は評価結果を公表することにより、利用者に現状を報告し改善することを約束して、設置者と現場の職員は改善するために努力するのが本筋である。しかし、役所のなかには、最初から満点を取らなければ公開し

ないという誤った認識から抜けきれずにいるところもあるらしい。

2 予算

本来ならば、予算の総額を比較することが望ましいが、直営館は人件費を除いたデータとなっている場合が多いために、指定管理館と直接比較することができない。比較することができるのは、入館料収入、事業費支出、資料購入費なので、それらについてみていくことにする。

①入館料収入（図17）

直営館は63％が有料館、37％が無料館となっている。それに比べて、指定管理館は、公設財団法人館と企業館はともに有料館の割合が高くなっている。NPO館は無料の割合が高く43％となっている。入場料収入の年間の平均額（総額）は、直営館1,377万円、指定管理館3,902万円となっている。

②事業費の支出

特別展や企画展、各種イベントなどに関する経費は、指定管理館が直営館の2倍以上にのぼる（事業費についてはアンケートの回答者によって、とらえ方が異なることが予想されるが、データとして提示しておく）。指定管理館の平均は3,421万円、直営館は1,499万円。指定管理館の各平均金額は、公設財団法人館が4,135万円、企業館3,101万円、NPO館439万円となっている。NPO館については、小規模館（延床面積1,000㎡未満）が多いために事業費も低くなっているようである。

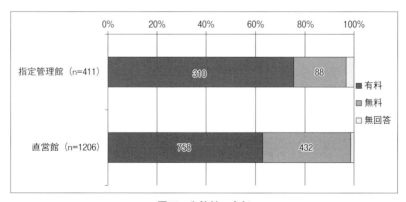

図17 入館料の有無

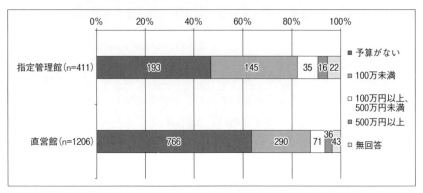

図18　資料購入費

③資料購入費（図18）

　資料購入の「予算がない」と回答した直営館は64％なのに対し、指定管理館では47％である。ともに資料購入費の予算がつかない傾向は同じであるが、それでも指定管理館の方に予算がついている。内訳は100万円未満が最も多く、次いで100万円から500万円未満となるが、それらも指定管理館の割合が高くなっている。

3　スタッフ

①常勤の総職員数と学芸員数

　常勤の職員数は、館種ごとに差はあるものの指定管理館は直営館よりも2倍ほど多い。両者を館種ごとにみてもいずれも指定管理館の常勤職員が多く、なかでも理工分野は顕著である（図19）。ただし、常勤といっても雇用形態は様々である。直営館の雇用形態は、正規職員と非正規職員（臨時・嘱託など）であるが、指定管理館のNPOや企業館は、ほとんどが非正規の雇用、公設財団館は正規職員と非正規職員（臨時・嘱託など）となっている。

　また、学芸員について、1人以上配置している館の平均数を直営館と比べると、僅かに指定管理館の方が多く5.4人である。その内訳は、企業館が6.5人、公設財団法人館5.3人、NPO館2.6人となる。

②ボランティアの受け入れ状況

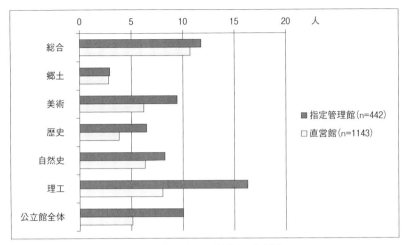

図19　常勤職員の配置状況（平均）

　平均すると、指定管理館51％、直営館は38％というように指定管理館の方がボランティアを受け入れている。ただし、直営館の内訳をみると、県立は69％、市立（人口30万人〜50万人未満）は58％というように積極的に導入しているところもあるが、同じ直営館でも小規模自治体（人口10万人未満）の場合は、市29％、町立22％、村立20％というようにボランティアの受け入れ率が低くなっている。

　また、施設の規模ごとでみると、NPOが運営する小規模館の指定管理館はボランティアの受け入れが45％であるのに比べて、同規模の直営館では25％と低いことも判明した。

6．指定管理館の入館者数が多い

　年間の平均入館者数をみると、指定管理館（400館）の平均が9万6,500人、直営館（1,177館）は3万4,200人である。館種別に両者の入館者数を比較すると、図20のように、いずれも指定管理館の入館者数が多い。なかでも〈総合〉〈郷土〉〈歴史〉は2倍以上の開きがあり、全体の平均も2倍以上になっている。この図には示されないが、設置者ごとにみても、指定管理館の入館者数の方が

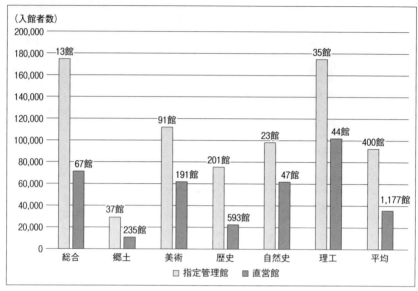

図20　平均入館者数の状況（2012年度）

多い状況に変わりはない。

　その理由はいろいろと考えられるだろうが、平均的に指定管理館の施設規模が大きいことや、職員数、事業費など経営資源に恵まれていることをあげることができる（杉長 2015a）。さらに、年間の開館日数を増やしたことや、積極的な広報活動も作用しているだろう。また、実地調査では来館者に対する接遇が良いという特徴も判明した。

7．指定管理館を評価する

　自治体は公立博物館に指定管理者を導入するにあたり、館に対する運営方針を定め、運営上の諸条件を整備している。直営館のなかには、人件費と管理費が予算のほとんどを占めるだけで、事業費が少なく、運営については放置されたような事例も珍しくない。

　しかし、指定管理館は自治体にとっては行財政改革の主要事業の一つとなっている。そのために、役所によるガバナンスを効かせる仕組みをつくり、定期

的なチェックを入れている。博物館評価についても、指定管理館の実施率が直営館よりも高くなっているのはその証しではないだろうか。

　指定管理館を個別にみると、NPO館は小規模施設に占める割合が高い。事業費や職員数も少なく、入館料は無料が目立ち、地域に密着した性格の館が多いという特徴がある。

　一方、公設財団法人館や企業館は中規模以上の施設の割合が高く、規模に応じて事業費が確保されている。とくに、企業館では自主事業も活発に行われることから、それが賑わいの場の創出や、サービスの向上につながっているようである。

第5章　NPO指定管理館の成果と課題

　本章は、これまでにみてきたうち、とくにNPOの指定管理館の運営状況について、利用者サービスや指定管理館の収入、職員給与の状況の面を更に掘り下げて、その具体的な実情や課題を確認することにする。NPO運営館を事例にするのは、直営期と比べて変化したことや、厳しい経営状態になっていることを、現地調査で知ることができたことによる。

1．利用者サービスを向上させる取り組み

　まずは、直営から指定管理者に移行したことにより、具体的に利用者サービスがどのようなことに変わったのかをみることにする。各事例ごとに同じ指標を用いて相互に比較しながら、その性格や特徴を浮き彫りにしてみたい。
　指定管理館へ移行する以前の直営期と比べて、博物館はどのように変わったのだろうか。ここでいう「変わった」というのは、良い意味でどのように変化したのかということを指している。取り上げる博物館は、直営からNPOによる指定管理館になったものである。

1　直営期と比較する
NPOが指定管理者となり運営する次の13館について検討してみたい。
・室蘭市青少年科学館（北海道室蘭市）
・市立函館博物館郷土資料館（北海道函館市）
・青函連絡船記念館摩周丸（北海道函館市）
・称徳館（青森県十和田市）
・吉野作造記念館（宮城県大崎市）
・良寛の里美術館（新潟県長岡市）
・菊盛記念美術館（新潟県長岡市）

・おおひら歴史民俗資料館（栃木県栃木市）

・野田市郷土博物館（千葉県野田市）

・津金学校（山梨県北杜市）

・尾崎咢堂記念館（三重県伊勢市）

・芥川緑地資料館（現高槻市立自然博物館）（大阪府高槻市）

・小泉八雲記念館（島根県松江市）

次に、各館を直営期の運営状況と比較するために、利用者のサービスに関わる指標を次のように設定し、その状況をみることにする。

①ミッションや運営方針を提案する

②新しい事業を行う

③施設をリニューアルする

④カフェや休憩スペースを設置する

⑤ミュージアム・ショップやグッズを充実させる

⑥スタッフの対応が良くなる

⑦常設展示を替える

⑧コレクションの整理と公開が進む

⑨ホームページを充実させる

2　直営館からどのように改善したのか

表1は、筆者による現地でのヒアリング調査をもとに、先述の指標ごとに直営期に比べて、各館がどのくらい変更したのかを点検したものである。（○）は直営期に実施されていなかったが、NPO運営になって新たに行われるようになったこと、（－）は直営期から変更していないことを表す。

さらに、指標の点検結果を9ポイントを満点として点数化する。ただし、館種や指定管理の業務範囲とも関わるので、全ての館が同じ条件であるとはいえないことに留意しておく必要がある。室蘭市青少年科学館のような理工系博物館では、コレクションの整理や管理はほとんど行われていない。また、市立函館博物館郷土資料館のように、資料の取り扱いは本館（直営館）の学芸員が担当している事例もあるからである。

図21は、表1をグラフにしたものであるが、これをみると次のことがわかる。

70 第Ⅰ部 指定管理博物館の現状と課題・展望

表1 直営期と比べた利用者サービスに関する変化の状況：（○）改善、（―）変更せず

	開館年	指定管理者としてのNPO運営の開始年	ミッションや運営方針の提案	新しい事業
室蘭市青少年科学館	1963年	2005年	○	○
市立函館博物館郷土資料館	1969年	2006年	―	○
青函連絡船記念館摩周丸	1991年	2008年	―	○
称徳館	2000年	2009年	―	○
吉野作造記念館	1995年	2006年	○	○
良寛の里美術館	1991年	2009年	―	○
菊盛記念美術館	2004年	2009年	―	○
おおひら歴史民俗資料館	1986年	2010年	○	○
野田市郷土博物館	1959年	2007年	○	○
津金学校	1992年	2006年	○	○
尾崎咢堂記念館	1959年	2010年	○	○
芥川緑地資料館	1994年	2009年	○	○
小泉八雲記念館	1933年	2009年	―	○

　まずは、全ての館に直営期よりも改善された点がみられることである。つまり、直営期よりも利用者サービスが向上していることがわかる。新しい事業を実施し、利用者に対する対応が良くなっている。コレクションの整理と公開についても、直営期に未整理であったものを少しずつ整理することにより、たとえ部分的にでも公開することができるようになっている。独自のホームページを作成して情報発信に力を入れているところが多い。ミュージアム・ショップを設置し、オリジナル商品を開発して販売する取り組みも積極的に行われている。

　5ポイント以上の「大きく変化した館」は、野田市郷土博物館、津金学校、おおひら歴史民俗資料館、芥川緑地資料館（現高槻市立自然博物館）、青函連絡船記念館摩周丸（以下、摩周丸と略す）、室蘭市青少年科学館、吉野作造記念館である。これらは、指定管理者の努力によって利用者へのサービスが大きく改善している。自らが定めたミッションを実現するために、新しい事業にも積極的に取り組んでいる。

　それに比べて、4ポイント以下の館である小泉八雲記念館、良寛の里美術館、

施設リニューアル	カフェ・休憩スペース	ショップやグッズの充実	スタッフの対応	常設展示替	コレクションの整理と公開	ホームページ	合計
—	○	○	○	○	—	○	7
—	—	○	○	市担当	市担当	—	3
○	○	○	○	—	—	○	7
—	—	○	○	—	—	○	3
—	—	—	○	—	○	○	6
—	—	—	○	—	—	○	3
—	—	—	○	—	—	○	3
○	—	—	○	○	○	○	8
○	—	—	○	○	○	○	8
○	—	○	○	○	—	○	8
—	—	—	○	—	○	—	3
—	—	—	○	—	○	○	7
—	—	—	○	○	—	○	4

称徳館、尾崎咢堂記念館、菊盛記念美術館、市立函館博物館郷土資料館は、直営期より改善がはかられているものの、5ポイント以上の館に比較し変更の度合が小さい。その理由は、いろいろなことが考えられるが、多くの館は指定管理者が主体的にミッションを示すことなく、役所から「施設管理の事業者」とみなされている傾向がみられる。指定管理者としての自主的な取り組みが事実上制約されており、NPOらしい自由な発想による活動が十分に展開されていないからである。

3　利用者数の推移をみる

　以上の集計結果は、利用者数の動向にどのように反映されているのだろうか。
　図22は、指定管理者が運営するようになってから利用者数が増加した館を示している。各館の経年変化が比較できるように、直営期は点線、指定管理期を実線で区別する。
　野田市郷土博物館は指定管理者の開始年から急増して、5年後には直営期の約3倍に増加している。津金学校は2005（平17）年まで直営であったが、その

72　第Ⅰ部　指定管理博物館の現状と課題・展望

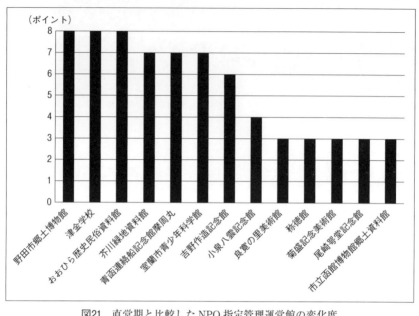

図21　直営期と比較したNPO指定管理運営館の変化度

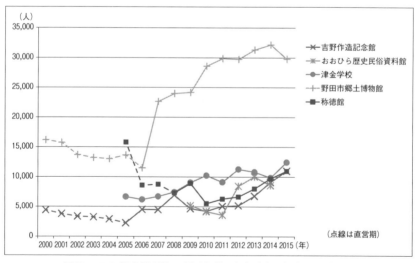

図22　NPO指定管理館の利用者数の経年変化（増加した事例）

第5章　NPO指定管理館の成果と課題　73

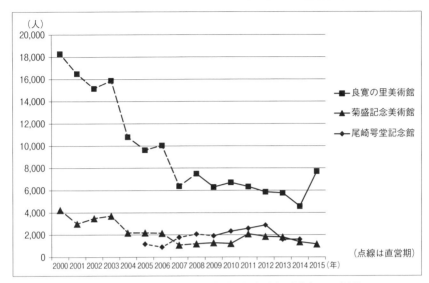

図23　NPO指定管理館の利用者数の経年変化（減少した事例）

後、指定管理者が運営するようになると利用者数は着実に増加し、8年後には2倍近くになっている。吉野作造記念館は、直営期にNPOが業務委託を受けていた時期は、利用者数を2,000人台に減らしていた。しかし、2006（平18）年に同NPOが指定管理者になって自主事業を充実させるようになると、2,000人ほど増加した。2008（平20）年には7,000人となり、その後は毎年5,000人前後で安定的に推移し、2015（平27）年には1万人を超えている（第2章の図2参照）。おおひら歴史民俗資料館は、直営期最後の2009（平21）年には5,200人であったが、2010（平22）年に指定管理になってから4年後に急増して8,000人を超えている。なお、称徳館は他館よりも改善の度合いは小さいが、特別展などのイベントを積極的に行っていることから利用者数が増加している。また、室蘭市青少年科学館（第2章の図1参照）の利用者数も直営期よりも高い水準を維持している。

　要するに、利用者に対するサービスの度合いが高くなった館では、その結果として利用者数が増加していることがわかる。

　一方、図23は、指定管理になっても直営期の傾向とあまり変わらない館を示

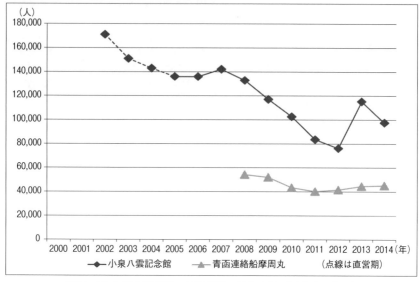

図24　NPO指定管理館の利用者数の経年変化（観光地の事例）

している。図22に示した館よりも改善の度合いが小さいために、利用者数を増加させることにつながっていないようである。なお、良寛の里美術館は、2015（平27）年に急増しているようにみえるが、これは無料のイベントを開催したためであり、美術館自体の来館者数は前年とほぼ同じになっている。

　また、観光地に立地する摩周丸（函館市）と小泉八雲記念館（松江市）はどうだろうか（図24）。それぞれの役所は両館を観光施設と位置づけている。摩周丸の利用者数は、指定管理者が運営をはじめた当時は5万4,000人であったが、5年後の2012（平24）年には4万2,000人に減少している。同館によれば、利用者の99％以上は観光客であるという。函館市の観光者数は2004（平16）年まで500万人（年間）を超えていたが、2011（平23）年には200万人近くに減少している。函館市を訪れる観光客の減少は博物館の利用者の減少の一因になっていると思われる。

　松江地域の観光客は、2003（平15）年は750万人から2011（平23）年840万人と増加している。それにもかかわらず、小泉八雲資料館の利用者数が減少し続けている。観光客が増加しているのになぜだろうか。近接する松江城の登城者

数は26万人（2002年）から30万人（2011年）というように20万人台後半で推移している。松江城の外堀を遊覧する堀川めぐり（遊覧船）の乗船者も30万人前後で安定している。近年、松江市は近隣に松江歴史館などの文化施設を新たに開館していることもあり、入館者数が一時的に回復した時期もあるが、やはり他の文化施設と競合しているために安定的に入館者数を維持することが難しいように思われる。

観光地の指定管理館は、改善の度合にかかわらず、外部環境が入館者数に影響を与えているようである。

2．指定管理館の収入状況

1　指定管理料と利用料金

指定管理者は、自治体から施設の管理や運営に必要となる経費を指定管理料として受託する。一般に、指定管理者は、この指定管理料を主要な財源として施設の運営を行う。また、利用料金制度を採用していれば、指定管理者は施設の使用に関わる料金（入館料など）を収入にすることができる。利用料金制度は指定管理者の自主的な運営を行いやすくし、経営努力のインセンティブを高めることができるとされている。実際のところ、多くの館では、この制度を導入して、指定管理料に利用料金を加えて運営している。

図25は、指定管理者制度を導入する以前の、直営期の管理運営費と使用料の

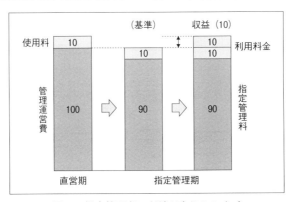

図25　指定管理者に利益が生じるタイプ

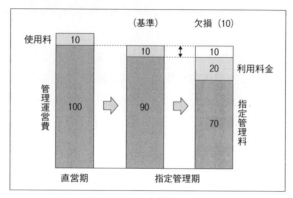

図26　指定管理者に欠損が生じるタイプ

総額を基準にして、指定管理者が利用料金の収入によって利益を得ることのできる状況を描いた模式図である。

　直営期には、自治体（役所）からの支出は100になり、入館料などの使用料の10は自治体の歳入（一般会計）に入る。指定管理期は、直営期に支出していた100を指定管理料として90にし、入館料などの利用料金10をくみ入れた収入の合計100を管理運営費の基準額にする。

　役所にとっては支出の削減は10となる。その後、指定管理者が努力して利用者数を増やして利用料金を2倍にしたとすれば、余剰分の10を指定管理者の収入にすることができる。指定管理者が自主財源に繰り入れることもできるし、館の運営に投資することもできるが、それは指定管理者の主体的な判断によるものである。

　しかし、利用料金の収入が基準の10に及ばず、もし5にとどまるようなことがあれば、残りの5は指定管理者の欠損分になる。ここで確認しておきたいことは、適正な基準が設定されていれば、収支に関する結果は指定管理者のマネジメントの力量に負うものであるということである。

　一方、図26に示すような模式図は、指定管理料が著しく低額に設定されるために、指定管理者に欠損を生じさせるものである。この図では、実際の指定管理料を直営期の管理運営費より3割も削減しているために、指定管理者は努力して利用者数を2倍に増加させてもなお、直営期に比べて1割の欠損が生じる

ことを示している。

2 指定管理者の収入状況

今回、分析するデータは、現地調査により得られたデータや内閣府が公開している決算書による（内閣府 NPO ホームページ）。内閣府のデータは2011（平23）年度～13（平25）年度のものである。ただし、それらの決算書などは、記載方法や費目の定義などが必ずしも統一されておらず、対象とする館同士を比較しにくい事態が生じたため、不明な点については、各団体や博物館に確認した。また、比較年度が異なることもあるが、運営形態が同じであれば年度ごとの会計状況の差はさほど大きいものではない。とはいえ、こうした留意点が完全に解消されたものではないことをあらかじめ断っておきたい。

①直営期と指定管理期の収入の比較

それでは、NPO 運営館では、実際にどのような収入状況になっているのだろうか。直営期と比較できる事例を取り上げて検討してみよう。なお、図27～28は直営期の管理運営費と使用料の合計を100％として作図した。

指定管理料と利用料金の設定が適正な状態　図27は、野田市郷土博物館の直営期と指定管理期の年間経費を比較したものである。指定管理料は直営期の管理運営費とほぼ同額となっている。また、利用料金については、施設の部屋貸しの使用料があてられた。直営期（2005年度）の実績が70万円ほどであったこと

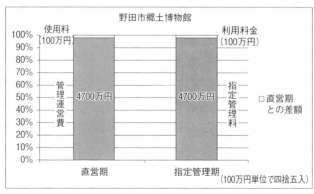

図27　直営期と指定管理期の比較（直営期：2006年度、指定管理期：2007年度）

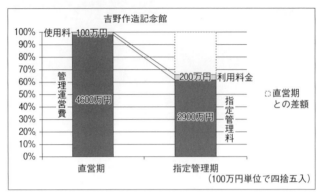

図28-1　直営期と指定管理期の比較（直営期：2001年度、指定管理期：2011年度）

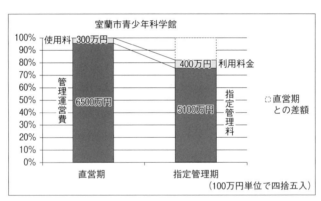

図28-2　直営期と指定管理期の比較（直営期：2004年度、指定管理期：2010年）

から、当初の利用料金の見込み額は同額に設定された。それを上回る分はNPOの収入になる。初年度は実績を下回ったが、2年目から若干の収入を得ることができるようになった。結果的に、図25のモデルのように指定管理料と利用料金の設定金額のバランスがよく、僅かながら収益を上げている。

　指定管理料と利用料金の設定が不適正な状態　これに対して、吉野作造記念館や室蘭市青少年科学館、栃木市おおひら歴史民俗資料館は、直営期に比べて大

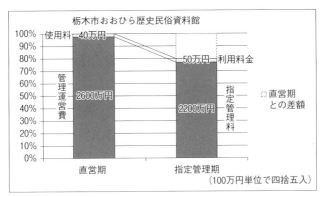

図28-3　直営期と指定管理期の比較（直営期：2007年度、指定管理期：2011年度）

幅に削減されて指定管理料が設定されている。とくに吉野作造記念館の削減幅は大きく、直営期の管理運営費と使用料をあわせた総額と比べると、3.5割の欠損を生じている。直営期より収入が増えているにもかかわらず、全体的に低額の経費で管理運営をすることを強いられていることがわかる。図28-1〜3に示す事例は直営期と指定管理期の予算の設定が不適正なために、いずれも欠損が生じているタイプである。

②NPO運営館の収入状況

指定管理館の運営費は、指定管理料と利用料金（利用料金制を採用している場合）で賄っているのが一般的であるが、なかには運営費に自主事業の収入や会費、寄付金などの自主財源をあてている場合もある。

図27に示した野田市郷土博物館は指定管理料と利用料金により運営が成り立っている。室蘭市青少年科学館も、直営期よりも年間経費は低く設定されているが、指定管理料と利用料金で運営されている。一方、吉野作造記念館、おおひら歴史民俗資料館は、欠損分に自主財源（自主事業収入、会費、寄付金など）をあてているが、それでも直営期よりも年間経費は低く抑えられている。

観光地に立地する集客力のある館では、役所は指定管理料を負担することなく、入館料の収入だけで年間経費を賄っているものもある。小泉八雲記念館（島根・松江市）はそのような事例である。同館は、入館者数に応じた、報酬・ペ

ナルティ制度を採用している。過去3年分の入館料の平均値をもとに、その年の収入が平均値を上回っていればプラス分の半額が報奨金となり指定管理者の収入になる。しかし、マイナスの場合は、その分の半額はペナルティとして役所に返金することになっている。

　太宰治の生家として知られる斜陽館（青森・五所川原市）も、入館料の収入を年間経費にあてている。現在の五所川原市は、2005（平17）年に五所川原市、金木町、市浦村が合併して誕生した市である。斜陽館は、以前は個人が旅館として経営していた（1948～1996年）が、建物の老朽化により継続を断念したので、旧金木町が買い取り、1998（平10）年から文化施設として運営をし、2006（平18）年からは、地元住民によるNPOが運営している。同館は約600点のコレクションをもち、なかでも「走ラヌ名馬」の直筆原稿など太宰治初期の原稿は、貴重なコレクションとなっている。太宰着用のマントのほかに、生家である津島家の生活用具や書簡類なども所蔵している。

　同館の入館者数は、平均すると年間約10万人。入館料収入から運営経費を差し引いた残金の6割は役所、4割が指定管理者の収入になるという仕組みになっている。NPOは、その収入を財源にして地域活動にあてている。

　3　収入状況の分類

　指定管理館の収入状況を整理すると、次のように分類することができる。

　①直営期の経費を確保する

　直営期とほぼ同じ金額で運営管理する。経費を指定管理料と利用料金で賄う。図25のタイプである。しかし、これに該当する事例は、野田市郷土博物館ぐらいで、類例をほとんどみることができない。

　②直営期の経費よりも2割以上縮減する

　このタイプが圧倒的に多い。運営管理の経費を指定管理料と利用料金で賄うが、不足分を指定管理者の財源で補う場合もある。これは図26のタイプになる。直営期よりも指定管理料が著しく低額に設定されると、指定管理者が利用者数を増やし利用料金の収入を上げても、慢性的に欠損が生じることになる。そのため利用料金のほかに、自主事業（物販、喫茶事業など）の収入や、なかには自主財源を投入して運営費にあてているところもある。

③利用料金を経費にあてる

　役所は指定管理料を払わずに、利用料金の収入だけで賄うような方式である。もし、不足分が生じれば指定管理者の自主財源で賄う場合もあるし、その逆に収益が見込めることもある。集客を見込むことのできる観光地の指定管理館にみられるタイプである。

4　当事者の意見

　このような指定管理館の財務状況について、当事者はどのような意見や問題意識をもっているのだろうか。筆者によるヒアリング調査によって得られた知見を紹介する。

　「直営期、施設管理が主な業務であったため、指定管理料の基準となる予算が低額であった。そして指定管理費はそこからさらに低く設定されたことにより、人員配置は脆弱で事業の充実化をはかることも困難になっている」（尾崎咢堂記念館）、「3年間の指定管理料は定額だが、それ以前の3年間の平均値で決められていく（例えば入館料収入の見込みなど）ので、頑張るほど指定管理料収入が減ることになる」（大阪・市立枚方宿鍵屋資料館）という。

　それに関連して、職員給与の問題についても、「職員のモチベーションを上げるために一定額以上の収入は必要」（吉野作造記念館）、「常勤職員を雇用する財源不足。現在パートを含め6人だが、これをフルタイム6人としたい。現状の職員体制では過重労働になりがちとなっている」（摩周丸）、「指定管理料が低額のために職員給与の昇給ができない」（三重・賓日館）という。

　以上のように、各館を運営する当事者は、指定管理料などの歳入不足により、人員体制が脆弱になっていることや、常勤職員の給料が低額のまま据え置かれていることを憂慮している。

5　企業の指定管理館の収入

　企業の場合、NPO指定管理館の収入状況と共通する一方、異なるところもある。指定管理料が直営期よりも2〜3割減に設定されていることや、利用料金収入を運営費にあてているところはほぼ共通するが、NPOのように、自主財源を運営費の不足分にあてることはしていないようである。企業は一般的に、

82　第Ⅰ部　指定管理博物館の現状と課題・展望

会計上の損益分岐点を下回ってまで指定管理をすることはしないのである。

　企業の指定管理では、小規模館は、公園、駐車場、プール、図書館などの施設とセットにして運営しているところが多く、単独館の場合には一定以上の財政規模の施設が対象になる。第4章において、指定管理館のデータを示したように、NPOが指定管理する施設の総床面積は、平均すると1,000m²台なのに比べて、企業の場合は5,000m²に近い規模となっていることからも、そのことがうかがえる。

3．職員給与の実態

　現地調査で聞いたところ、多くの指定管理館には職員給与の低賃金問題のあることがわかった。指定管理を導入する直前まで、役所は直営館の人員や経常費を可能なかぎり削減してきた。それ以上は削減できないところまできて、指定管理者に移行しているところが多い。平成の大合併を契機に導入している事例もそうである。指定管理者は、直営末期の水準から更に2～3割か、それ以上削減した金額で運営管理している。

　それにもかかわらず、これまで紹介してきたように、指定管理館は利用者に対するサービスを向上させており、利用者の評判も良いというところが少なくない。しかし、経費の削減分は常勤職員の低賃金問題を生じさせている。ここでは、その実態がどうなっているのかを具体的にみることにする。

1　直営館とNPO運営館の学芸員の年収格差

　図29は、NPOが指定管理者になっている館の学芸員と、直営館の学芸員との年収格差を示したデータである（2012年4月1日現在）。いずれも常勤職であるが、NPOは指定管理期間が契約期間となる非正規職員、直営館は公務員の正規職員である。直営館は、千葉県内の公立博物館（市立）6館の学芸員22人の年収額の分布である。NPO運営館は、8館で学芸員21人である。

　縦軸が年収額である。この場合の年収とは、給料月額の12カ月分に賞与を加算した金額である（指定管理者によっては賞与がない場合もある）。直営館の場合は地域手当が月額給料に加算されている。地域手当とは、物価などが高い

地域の自治体職員に支給される手当をいう。千葉県内の市の場合には東京23区から最も遠い地域は0％であるが、東京23区の隣接地の自治体では12％が基本給に上乗せされている。なお、この年収には、諸手当(時間外手当、扶養手当、管理職手当など)は含まれていない。公務員の場合は、これらの手当が加算されるので実際はもっと高くなる。NPOの場合には時間外手当がつくことはあるものの、そのほかの手当はほとんどない。

横軸は年齢である。大学卒業年齢から定年退職期までをとっている。直営館の学芸員の場合は、30歳台後半に年収が一段高くなっている。また、近似曲線を描いてみると、年齢が上昇するほど曲線がそれまでより大きくカーブしていることがわかる。それは年齢とともに昇格すると、段階的に給与が上がる仕組みになっているからである。

自治体により異なるが、一般的に行政職の給料表では8種類程度の職務の級が設けられている。例えば、1級（主事補）・2級（主事）・3級（主任主事）・4級（係長）・5級（課長補佐）・6級（課長）・7級（次長）・8級（部長）である。1級から3級までは規則に定められた経験年数に達すれば、ほぼ自動的

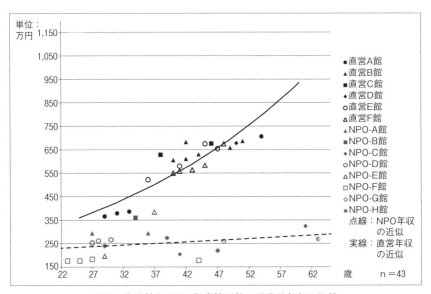

図29　直営館とNPO指定管理館の学芸員年収の比較

に昇格していくが、それ以降は評価に応じて昇格が判断される仕組みになっている。

　図29でみるかぎり、直営の最高齢の学芸員は直営A館の54歳で、年収は706万円である。実際には、これに管理職手当などの手当を含めるともっと高額になる。退職すれば、さらに退職金も支給される。

　それに比べて指定管理者の学芸員の場合はどうだろうか。いずれも新卒者（大学学部や大学院）が学芸員として着任する場合、自治体の担当課からは、公務員（一般職）の新卒者の給与水準以下に設定することが求められている。

　ちなみに、千葉県内の市職員の大卒（一般行政職）の初任給は、松戸市は313万円、流山市は308万円、野田市や鎌ヶ谷市は293万円である。また房総地方の市町村合併によって誕生した南房総市（旧富山町・富浦町・三芳村など7町村）や、いすみ市（旧夷隅町・大原町・岬町の3町）は県内の36市のなかでは最低であるが、それでも274万円（2011年4月現在：県内の大卒初任給は千葉県ホームページ参照。年収は、自治体ごとの計算式〔（給与月額＋地域手当月額）×15.95（期末・勤勉手当）〕により算出）となっている。

　NPO-D館の初任給は236万円（大学院修了者）、NPO-F館は176万円となっている。つまり、大学院修了者でも旧町役場の職員の初任給よりも低額になっており、直営館の公務員との年収に大きな格差があるのである。

　NPO-C館の場合は、50代半ばまで県立博物館の学芸員だった人を副館長として雇用しているが、着任した当時の給与はそれ以前の半額以下で、6年後でもそのままだという。NPO-H館は定年退職者が館長になっている。今回調査をした指定管理館では、定年退職者を雇用している例はこの1人だけで、残りの人たちはすべて現役世代である。

　参考までに企業の運営館についてもみると、事例は少ないが4館、計9人の学芸員の平均年齢は32歳で年収316万円となる。但し、契約は1年契約となり人事評価の結果によっては、指定期間中であっても退職することがあり得る。一方、実績が評価されれば、本社の正規職員として採用される場合もあるという。

2 公設財団法人が運営する指定管理館の学芸員の年収額

　同じ指定管理館でも自治体が出資する公設財団法人が運営している場合はどうだろうか。図30は、指定都市の公設財団法人が運営する公立博物館の事例を示している（2012年4月1日現在）。A市は地方の指定都市、B・C市は首都圏の指定都市である。同じ指定都市でも年収額は異なる。対象になる学芸員の総数は44人である。この図をみてわかることは、直営の学芸員とほぼ同じ給与水準のあり方を示していることである。

　そもそも、これらは自治体が出資する外郭団体として設立されたもので、自治体に代わって管理事業の業務委託を受けていた。そのため職員の待遇はその自治体職員に準じた取り扱いになっている。指定管理者制度が導入されるようになると、多くの自治体はこのような公設財団法人を指定管理者に選定している。そこでは、財団職員の給与を支払える指定管理料となっている場合が多い。公共の文化施設を安定的に運営するために、そのような措置がとられることになった。

　ここに示す公設財団法人は指定管理者になってからも、職員の給与は以前と

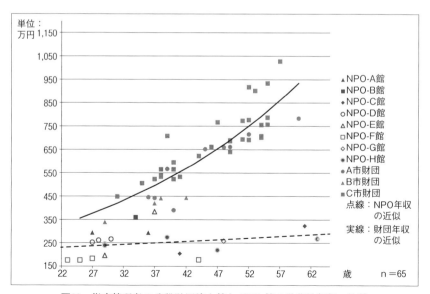

図30　指定管理者の公設財団法人館とNPO館の学芸員年収の比較

同じように自治体職員に準じる扱いのままになっていることがわかる。自治体が指定管理者として公設財団法人を選定する際に、従来の給与水準を前提にした方式をとっているからである。

　例えばC市の場合には、指定管理者になる以前に比べて予算総額は減額しているが、人件費はほぼ維持されている。予算の減額分は、管理費や事業費などの人件費以外の費目を削減している。

　以上の事例をまとめると、次のようになる。

・直営館の学芸員は、平均年齢41.2歳、平均年間給与約561万円（役職手当含まず）となる。実際は時間外手当、役職手当、退職金、年金、福利厚生（産休・育児休暇など）の数字を算入すればさらに高額になる。何よりも、昇給制度が保障されており年齢が上がるほど給与額が多くなる仕組みになっている。

・NPO指定管理館の学芸員は、平均年齢36歳、平均年間給与約247万円（ほとんどの館は役職手当なし）。また、企業運営館では、32歳で約316万円となる。NPOや企業の職員の給与は下がることはあるが、昇給する仕組みにはなっていない。

・指定都市の公設財団法人の指定管理館の学芸員は、平均年齢45.4歳、平均年間給与約643万円（役職手当含む）。財団職員は公務員に準ずる職員待遇となっている。

第6章 指定管理館の基本的な構造と行政上の留意点

　本章では、これまで述べてきた指定管理館のあり方を踏まえて、その基本的な構造を明らかにしてみたい。第2章でも述べたように、筆者は北海道美唄市のアルテピアッツァ美唄を訪れたことを契機に、各地のNPOによる指定管理館の現地調査をはじめた。

　筆者も同じように指定管理者として公立博物館を運営していることを伝えると、NPOの担当者は気さくに話を聞かせてくれたし、お互いに意見交換をし、問題を共有しあうこともできた。その後に調査した企業が運営している指定管理館でも、NPO運営館と多くの面で共通していることが明らかになった。

　そこで、これまでに述べてきたことを踏まえて、明らかになったことを整理してみることにする。公立博物館を指定管理にしたことにより、設置者である自治体や指定管理者は、それぞれ具体的に何を行い、その結果どのように変わったのだろうか。

1. 指定管理館に共通すること

　まず、「経費削減」については、直営の末期よりも年間経費を1割～3割ほど削減している館が多く、なかにはそれ以下のところもある。指定管理館では、指定管理料を運営費の基本にしているものの、入館料などの利用料金も運営費にあてている。NPOの場合には欠損すれば、自主財源をあてる場合もあるなど、厳しい財政状況になっている。

　入館料などを指定管理者の収入にする利用料金制を導入している場合でも、自治体は予め一定の利用料金額を差し引いて指定管理料を設定している。指定管理者が工夫して収入を増すと、次年度にはその増加分を差し引いて指定管理料を設定し直すところもある。

　企業館でも、収入をあげるとその分指定管理料を減らされて、増収分を運営

費にまわすように設置者からいわれることがあるという。そのため、ほとんどの館では指定管理者のモチベーションを高めるものになっていない。

　予算の総額は、直営期よりも低く抑えられることが一般的になっている。事業費などの経費は直営期よりも少し増額しており、資料購入費や広報・宣伝費の経費も、ある程度は確保することができている。その反面、学芸員など職員の給与が低く抑えられており、公務員よりも極端に低い給与額となっている（但し、公設財団法人の正規職員は公務員に準ずる給与水準を維持している場合が多い）。直営期よりも安い経費で運営しているために、行政の効率化になっていると思われがちであるが、実は職員の人件費が大幅に削減されている。つまり、NPOや企業の指定管理館の学芸員の給与水準は、直営期の学芸員（公務員）の年収額より大幅に低く設定されており、さらに基本的に昇給する仕組みになっておらず、安定的、継続的な雇用が困難となっているのである。

　一方、直営期に比べて、全般的に利用者に対するサービスは向上している。事業数を増やし、新しい事業を行うことや、開館日数の増加や開館時間の延長などにより利用者の利便性を高めているところが目立つ。また、地域の住民のニーズをつかみ、それに応えるような事業を行っている。多くのNPOや企業運営館は接遇が良く、再び来館したいと思えるようなサービスを行っている。また、地域の様々な組織や団体（企業、商業、社会福祉、市民団体、観光関係の組織など）と連携し、広報やイベントなどに取り組んでいる。

　以上の経費削減と、それに伴う職員給与の低賃金問題、そして利用者に対するサービスの向上という3点は、指定管理館にほぼ共通するものである。

2．指定管理館の多様性と特徴

　これらの共通点を前提にしても、実は、指定管理館には複数のタイプがある。
　図31は、〈直営期との比較〉と〈対象者〉の二つの軸を設定して、指定管理館のあり方を示したものである。縦軸は、直営期に比べて、「変革（イノベーション）」をしたのか、あるいは基本的に直営期のまま変更することなく「継続」や「維持」しているのかを示している。
　一方、横軸は、博物館の立地する場所や設置者の意向によるものであるが、

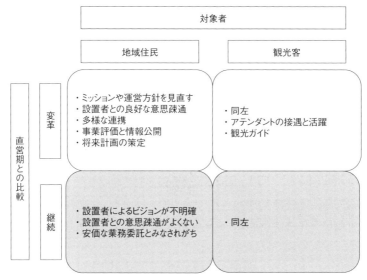

図31　NPO指定管理館の分類

博物館が対象とする利用者層を区分している。「地域住民」と「観光客」のいずれかに大きく分けることができる。両軸を用いて、指定管理館を鳥瞰すると、一口に指定管理館といっても、実はその様態は一様ではないことがわかる。

1　指定管理を契機に博物館を変革する

まず、変革した館について考える。図31の左上は指定管理になることを契機に、以前の直営館から大きく変革させたものである。直営期のミッションや運営方針を見直し、地域や社会のニーズに応えることのできる博物館づくりに挑戦するものである。新設と同時に指定管理を採用したところでも、既存の公立館とは異なるユニークな活動を展開しているところがある。

このタイプの大きな特徴は、まず直営期のミッションや運営方針を見直していることである。それを実現するために、運営管理を全般的に刷新し各種事業を計画し、直営期よりもサービスを大きく向上させている。その結果、利用者数は直営期よりも増加している。設置者との間で、日常的に意思疎通をはかっ

90　第Ⅰ部　指定管理博物館の現状と課題・展望

ていることも不可欠の要件であるが、指定管理になってから地域の企業や商店
などともつながりをもつようになったところもある。事業評価を実施し、その
結果を公開することも行われている。このタイプは、室蘭市青少年科学館、野
田市郷土博物館、高槻市立自然博物館、島根県立美術館である。さらに、多摩
六都科学館や愛媛県歴史文化博物館のように、将来計画（中長期計画など）を
作成しているところもある。

　図31の右上は、主に観光客を対象にした観光型の指定管理館である。島根県
立古代出雲歴史博物館は、アテンダントによる接遇が行き届き、県内の観光ガ
イドも充実している。また、長崎歴史博物館も同じ観光型だといえる。江戸時
代の旧長崎奉行所のあった場所に建てられたことから、博物館に旧奉行所を復
元した建造物を付設している。ボランティアが演じるミュージアムシアターは
観光客の人気を集めている。2015（平27）年3月に開館した大阪府堺市の「さ
かい利晶の杜」も、このタイプである。さかい利晶の杜とは、千利休・与謝野
晶子の人物記念館、茶室、観光案内施設、企画展示室の施設に、人気のコーヒー
店や湯葉と豆腐の店、民間駐車場を加えた複合施設の愛称であるが、観光の拠
点施設としての機能を担っている（吉田 2016）。

2　直営期の運営を継続する

　図31の左下は、基本的に直営期の運営状態を継続させている。このタイプは、
役所が指定管理者に対して、主に施設管理の業務を求めており、コスト削減を
重視し、安価な業務委託のような扱いになっている。そのため、指定管理者か
らは、そもそも役所が何を求めているのかがわからないという声を聞くことが
あり、役所との意思疎通も良くないところが多い。

　図31の右下は、左下と同じことがいえる。ただし、収入面では来館者の大多
数が観光客であることから入館料収入が多い。そのため運営費の全額を入館料
で賄っており、設置者が出す指定管理料は少なくてすむ。小泉八雲記念館や青
函連絡船記念館摩周丸などが該当する。

3　指定管理館が追求する博物館のあり方

　直営館から指定管理館に変更することで、何が大きく変わったのだろうか。

本来、地域の子どもや若年者、中高齢者などを対象とした博物館についていえば、長年にわたり、地域にある博物館なのにもかかわらず、それらの人々にあまり認知されていなかった館から、「行ってみたい」という思いをもつ場へと転換することである。

　それが、変革（イノベーション）である。変革とは、指定管理を契機に直営期のミッションや運営方針を見直し、地域や社会のニーズに応えることのできる博物館づくりに挑戦し、既存の公立館とは異なるユニークな活動を展開することによって、博物館の利用価値を高めていくことである。

　もちろん、博物館としての基本的な機能である、資料の収集、整理保管、調査研究などはきちんと押さえておくことが前提となる。企画展や特別展を開催しながらも、これまでは利用者サービスという視点に疎かったことも事実である。利用者サービスを充実させることができれば、博物館の可能性はもっと広がるのである。

　よって、図31の下のタイプを、上に移行させることを考えなければならない。それができれば、本書の第Ⅱ部で扱う直営館がおかれている現在の閉塞的な状況を、改善する糸口がみえてくるかもしれないのである。

　そのためには、設置者の自治体が指定管理を運用する上で、留意しなければならないことがある。

3．設置者の自治体が留意すること

　公立博物館に指定管理者制度を採用するかどうかは、設置者である自治体が判断することである。博物館の運営形態を決めることには、自治体の博物館経営の姿勢が問われる。指定管理者による博物館運営の成否は、自治体の方針やそれを実現するための予算や人員体制などを、どのように条件整備するのかによって大きく左右される。

　中川幾郎教授は、公共施設に指定管理者制度を導入する前提条件の一つとして、その施設が「ファシリティ」と「インスティテュート」のいずれなのかをみきわめなければならないことを問題提起している。ファシリティとは単純定型サービス供給施設、インスティテュートとは人的・組織的機能とあわせて公

92　第Ⅰ部　指定管理博物館の現状と課題・展望

益的使命を発揮する施設としている（中川 2011）。

　前者であれば、施設管理を主な目的にする施設であるから専門性は問われないが、後者ならば、施設の公益的な政策使命を明確にするもので、職員の専門性が問われることになる。とりわけ博物館のような専門機関の場合では、学芸員の専門性が要求される。博物館のサービスは、学芸員の能力やキャリアにより、質・量ともに大きく変わるからである。

　これまで公共施設に指定管理者制度を採用している自治体は、両者の仕切り分けをすることなく、一律的に経費削減の方策に用いてきた。そのために、博物館の指定管理を低額な業務委託とみなしている自治体があることを否定することができない。

　自治体は、ファシリティとインスティテュートとは役割や性格が異なることを再認識し、博物館をインスティテュートとみなし、職員の人員数、組織、その雇用の継続性を確保できるように、契約期間や指定管理料を見直し、施設の維持管理についても適正なものにすることが求められる。

　そこで設置者が指定管理について留意することを、次のように整理することができる。

1　指定管理館のビジョンを明らかにする

　まず、自治体は博物館に指定管理者制度を導入するにあたり、何を目的にして導入するのかを問うことからはじめることである。指定管理者からは、「役所の考え方がよくわからない」という戸惑いの声をよく聞く。まず、「博物館は、こうあって欲しい」というビジョンを明示することである。ビジョンが明確になっていないのであれば、指定管理者と一緒になって検討してもよい。

　しかし、指定管理者にビジョンやミッションを作成させて、役所が実質的に関与しないという無責任なことになってはならない。設置者の担当課のなかには、博物館の運営について理解していないため、方針が策定できていないところがある。それは、役所に目標を設定して、それを実現するためには何が必要かを考えるという、組織的な風土が欠けていることにもよる。また、当初は運営方針を共有していたとしても、役所の担当課長や担当者が定期的に異動を繰り返すと、当初の考え方が引き継がれずに断絶する。それが重なると、役所は

第 6 章　指定管理館の基本的な構造と行政上の留意点　*93*

博物館を単なる施設とみなして、管理することが目的になってしまう。こうして、役所と指定管理者との間に離齬が生じ、拡大していくことになる。

　それを予防するために、役所内の情報共有をはかり、指定管理者との意思疎通をはかるために定期的な打ちあわせを行うことが不可欠である。

2　指定管理者のインセンティブがはたらくようにする

　指定管理者制度が機能していくためには、指定管理者のインセンティブがはたらく仕組みにすることが重要である。NPO は、ミッションを達成することが大切である。企業にとっては、知名度を高めることや、新規事業への参入を誇示することも重要だろう。しかし、最も必要なことは、適正な評価によって成果があがれば、それに見あう利益が得られることである。

　民間企業であれば、製品の売上が好調で業績が上がれば、社員にも相応の報酬が支払われ、社員のモチベーションは高まる。しかし、現状の指定管理館は、ミッションを実現して、博物館の質やサービスを向上させて利用者数を増やしても、その努力が報われることはほとんどない。

　指定管理館には、入館者数が多く見込める館と、そうでない館があるが、両者の指定管理料の基準や金額は異なる。利用料金の収入の多い館では、一定の収入額を運営費にあてることができる。運営費の全額を使用料で賄うことができる観光型の博物館については、実質的に独立採算にして、収益が出れば、事業投資や職員給与の昇給などにあてることができる仕組みを制度化することである。

　一方、利用料金の収入が少ない一般的な館では、直営期の使用料を基準にして、指定管理料と利用料金の見込み額を適正に設定することが基本となっている。その場合のポイントは、直営から指定管理に移行する以前の管理運営費の総額から、使用料（入館料など）を差し引いた額を指定管理料とし、使用料と同額を利用料金の見込み額にすることである。利用料金の見込み額を超えた分は指定管理者の収益になるようにすることである。

　こうして、指定管理者がマネジメントした成果が適正に報われるようになれば、スタッフのインセンティブは高まる。さらに収益分により職員の給与問題の解決にもつながり、継続的な運営ができるようになる。

3 職員の雇用を確保する

インスティテュートとみなされる指定管理館は、直営館よりもサービスの質的向上をはかり、成果をあげているところが多い。だからこそ職員の低額な給料の現状は博物館の運営にとって由々しき問題である。他の公共施設でも同じような問題を抱えているが、とくに学芸員にとっては、学歴に裏づけられた専門的知識や経験が必要な職業であることを考えると、同じ職種の公務員との格差は著しい。指定管理者の実績が評価されて運営を更新することができても、昇給がなければ継続的に働くことができず、専門職としての人材が育つことはない。個人のライフプランに障害となり、就労を継続することが困難になっている。

こうした問題を受けて、2011（平23）年1月5日の総務大臣による閣議後の記者会見の発言がある。総務大臣は、自治体が指定管理者制度を単なる「コストカットのツール」として使っていることを問題にした（総務省ホームページ②）。その結果、「官製ワーキングプア」を大量に作ってしまったことを認めている。

そのため、総務省が自治行政局長名で各都道府県知事や各指定都市市長などにあてた通知〈指定管理者制度の運用について〉（2010年12月28日付）によれば、指定管理者制度の運営上の問題点が整理され、その適切な運用に努めることが周知された。そのなかに、「指定管理者の選定にあたっても、指定管理者において労働法令の遵守や雇用・労働条件への適切な配慮がなされるように留意すること」もあげられた。しかし、翌年3月に発生した東日本大震災による社会的混乱があり、その後に民主党から自民党に政権が交代しても、この課題は未解決のままになっている。

最近、吉野作造記念館では、職員の給与の問題が市議会でも取り上げられるようになり、役所の対応にも少しずつ変化があらわれるようになってきたという。指定管理者制度の運用は、国が示すような基準は何もなく、各自治体が判断することである。大崎市のように、市議会が指定管理の運用について問題視すれば、行政を動かし待遇改善につながる可能性があるのである。

4 博物館の質を保証する

経費削減だけを目的に指定管理者制度を導入すると、博物館運営の本質を見誤るおそれがある。博物館は生涯学習機関であり、決して収益性を追求するようなエンターテイメント施設ではない。

現地調査した、大規模な県立科学館の事例であるが、指定管理者は役所の財政負担を少しでも減らすため、入館者数を増やすことを強いられていた。そこは、「楽しさ」を売りものにする大型の展示機器が人気のスポットになっていたが、一方、展示室の実験機器や装置は故障のまま放置され、解説者や指導者も配置されておらず、利用者は体験装置を操作することができない様子であった。役所が、収入を上げることを重視した運営を目指せば、エンターテイメント性を過度に追求するようになり、博物館そのもの存在性を否定することになりかねない。

また、小規模な人文系博物館の場合でも、施設管理だけを業務と捉えていたり、博物館をサービス施設と誤解したりしているような指定管理者に博物館の運営を委ねると、博物館の基本的な機能（資料の収集、整理保管、調査など）が軽視される危険性がある。このような問題が生じないように、設置者は指定管理者と日常的な意志疎通をはかりながら、指定管理を適切に運用するように管理することが必要である。

5 事業評価を公開する

博物館法第9条（運営の状況に関する評価等）には、「博物館は、当該博物館の運営の状況について評価を行うとともに、その結果に基づき博物館の運営の改善を図るため必要な措置を講ずるよう努めなければならない」と規定されている。博物館を定期的に評価すると、次のような効果がある。

まずは、職員自身に改善を促す意欲が生まれる。現場には絶えず創意工夫することが求められる。利用者のニーズを把握し臨機応変に柔軟に対応していく。職員のモチベーションが高まり改善すれば、さらなるアイディアが生まれて活性化するようになる。

二つめは、外部への情報公開による他館への影響である。他館もやるようになれば、相互に比較をすることで、博物館全体の質の底上げとなる。

96　第Ⅰ部　指定管理博物館の現状と課題・展望

　三つめに、首長をはじめとする自治体の組織と議会に、博物館に対する理解をはかることになる。もし成果があがらなければ、他の指定管理者が相応しいだろうし、場合によっては役所が運営するように戻すことが適切だと判断することもあり得る。予算額の適正さを判断する材料を与えることにもなる。予算が低くて無理があれば是正して必要な金額をつける。これまでの大多数の指定管理館のように、直営期の予算から一律に数割を削減するような乱暴な手法によるのではなく、事業の質と量の評価を根拠として予算措置の適正さをはかることができるようになる。

　四つめに、評価のプロセス、評価結果、結果に対する解釈、行政からの反応など公開可能なものは全て公開することで、利用者に対する透明性をはかり、住民参加を促すことができる。

　このように博物館の評価は、自らの博物館のことだけでなく、役所や議会からの見方を変えるし、何よりも博物館全体の質の向上をはかることができる。さらに、これまで住民に閉ざされがちであった博物館を、地域に開かれた存在にすることにつながる。

　以上、博物館に関する指定管理者制度の導入に対する議論は、導入の可否を論ずる段階を過ぎ、これからは制度をどのようにして、うまく使いわけて適切に運用し、博物館の質を高めていくのかを考える段階に移行したといえる。

第Ⅱ部

直営博物館の現状と課題・展望

98　第Ⅱ部　直営博物館の現状と課題・展望

第1章　行政改革と直営館の現状

　第Ⅰ部では、指定管理者制度による博物館について検証したが、実はそのことを通じて、公立博物館そのもののあり方を問い直さなければならないということが浮かびあがってきた。北海道大学大学院の佐々木亨教授による、「指定管理者制度を博物館に導入したことは、博物館の使命や理念を設置者と博物館が改めて考えることや、博物館を支えているのは誰かということを改めて意識することになった」という指摘（佐々木亨 2011）は、そのことを示唆するものであるといえよう。つまり、ほとんどの自治体は、行政改革の影響による簡素化や合理化のために指定管理者制度を導入したのであるが、直営館においても人員や予算が削減されるなど、合理化が避けられない状況になっている。

　そこで本章では、まず近年、自治体が直接運営する博物館について、いくつかの事例を具体的にみていくことにしたい。

1．市立博物館の現状

　総務省が公表している地方公共団体の定員管理の推移によれば、人口10万人あたりの地方公務員数は1980年代はじめに274人であったものが、それ以降は減少の一途を辿り、2015（平27）年には214人と落ち込んでいる（総務省自治行政局公務員部給与能率推進室 2016）。

　筆者が、2002（平14）年3月に野田市郷土博物館を退職した後、後任の学芸員が補充されることはなかった。野田市でも上記のような行政改革により、専門職であっても補充することができなくなっていたからである。2003（平15）年、野田市は関宿町と合併したこともあり、市の職員数を1,358人から254人減らし、2010（平22）年度には1,104人にする計画であった。

　このような削減は、同じ千葉県内の市立直営館でもいえることなのだろうか。その実態をみていくことにしたい。

1 組織と職員体制

　表2は、千葉県内の5つの市立直営館の人員体制について、2000（平12）年からの15年間の推移を整理したものである。

　ここに示した人員は、基本的には正規の職員数である。ただし、2つの館を兼務する場合や、正規職員が定年退職後に再雇用された場合には、それぞれ0.5にカウントしている。非常勤の館長は0と表記している。

　一目でわかることは、この15年間にどの館でも人員が減っていることである。この間、国は自治体に対して、定員管理を計画的に実施することを求めてきた。そのため自治体は削減率などの目標値を明示した計画書を国に提出している。具体的な方策は、退職などにより欠員が生じても補充をしないことや、定年退職者数を見積もり、新規の採用者数を退職者数以下に抑えることなどによる（田中 2010）。

　とくに、そのことは流山市立博物館で顕著にみられる。同館は、2003（平15）年まで8人体制で、そのうち学芸員は4人であった。2007（平19）年までに事務職1人と学芸員1人が本庁に異動し6人体制となった。さらに2009（平21）年には、図書館や文化財・埋蔵文化財の担当係との組織統合が行われた。図書館は同じ建物内に同居しているが、文化財などは本庁の生涯学習部から移動してきた。その結果、博物館に専従する学芸員は2人、館長と事務職は兼務の3人体制になり、その後は2〜3人の人員体制で推移している。同館は、組織の見直しにより弱体化することになった。

　定員を削減すれば、必然的に人的パワーが不足するので、その解決策として組織や機構を再編することが本来のあり方であるが、その手続きが逆になっている。つまり、人員を減らすために組織を統合しているのである。

　市立市川歴史博物館も、同じような状況である。2004（平16）年までは6人体制で、そのうち学芸員は4人であったが、2013（平25）年からは4人体制となり、学芸員は1人になっている。同市では2015（平27）年に組織改編が行われ、これまでの3課体制（考古博物館・歴史博物館、自然史博物館、文化財）を1つの課に統合したことにより、2人の課長職を減らして組織のスリム化をはかった。

　松戸市立博物館は、2000（平12）年当時は、15人体制（館長は非常勤なので

表2　直営館の正規職員体制の経年変化

年	流山市立博物館	市立市川考古博物館	市立市川歴史博物館	我孫子市鳥の博物館	松戸市博物館
2000	8人体制　館長1／事務職3／学芸員4	6人体制　館長1／事務職1／学芸員4	6人体制　館長1／事務職1／学芸員4	6人体制　館長1／事務職2／学芸員3	15人体制　館長0／事務職6／学芸員9
2001				5人体制　館長1／事務職1／学芸員3	14.5人体制　館長0／事務職6／学芸員8.5
2002				6人体制　館長1／事務職2／学芸員3	15.5人体制　館長0／事務職7／学芸員8.5
2003					14.5人体制　館長0／事務職6／学芸員8.5
2004	7人体制　館長1／事務職2／学芸員4				13.5人体制　館長0／事務職5／学芸員8.5
2005		5.5人体制　館長0.5／事務職1／学芸員4	5.5人体制　館長0.5／事務職1／学芸員4		
2006					
2007	6人体制　館長1／事務職2／学芸員3				12.5人体制　館長0／事務職6／学芸員6.5
2008			4.5人体制　館長0.5／事務職0／学芸員4	5人体制　館長1／事務職1／学芸員3	13人体制　館長0／事務職6／学芸員7
2009	3人体制　館長0.5／事務職0.5／学芸員2	4.5人体制　館長0.5／事務職0／学芸員4			12.5人体制　館長0／事務職6.5／学芸員6
2010	2人体制　館長0.5／事務職0.5／学芸員1		3.5人体制　館長0.5／事務職0／学芸員3		12.5人体制　館長0／事務職5.5／学芸員7
2011	2.5人体制　館長0.5／事務職0.5／学芸員1.5	6人体制　館長0.5／事務職2.5／学芸員3			
2012		7人体制　館長0.5／事務職3.5／学芸員3		5人体制　館長1／事務職2／学芸員2	12人体制　館長0／事務職5／学芸員7
2013		4.5人体制　館長0.5／事務職1／学芸員3	4人体制　館長0.5／事務職2.5／学芸員1		
2014	3人体制　館長0.5／事務職0.5／学芸員2			6人体制　館長1／事務職3／学芸員2	
2015	2.5人体制　館長0.5／事務職0.5／学芸員1.5	5.5人体制　館長0.5／事務職2／学芸員3		5人体制　館長1／事務職3／学芸員1	

０人、学芸員９人、事務系職員６人）であったが、12年後の2012（平24）年度には12人体制（学芸員７、事務系５）となっている。当初は、教育普及担当や、途中から自然史部門の学芸員を配置したが、その学芸員の退職後に補充が行われなかった。それでも、当初の専門領域（考古・歴史・民俗）については、学芸員の員数は退職者が出てから補充されている。我孫子市鳥の博物館は、2007年までほぼ６人体制であったが、それ以降は５人体制の傾向となっている。

　このように、いずれの自治体でも職員数の削減が博物館にも及んでいる。こうした人員体制の脆弱化に対して、各館はどのように対応しているのだろうか。OA化をはかったり、職員研修を充実させたりしているかというと、特別の措置は講じられていないのが実情である。ある館では、経費削減のために、日本博物館協会などの博物館関係の団体から退会しており、人材育成をはかるための研修や情報を入手する機会は、むしろ少なくなっている。

　また、館長の諮問機関である博物館協議会も行政改革の対象となっている。流山市は、博物館協議会と図書館協議会が社会教育委員会（現生涯学習審議会）に統合された。同委員会には博物館部会をおいているが、これまでに部会が開かれたことはないという。我孫子市鳥の博物館でも、博物館協議会は社会教育委員会（現生涯学習審議会）に統合されている。

　元来、博物館協議会は、博物館法上に規定する「公立博物館に、博物館協議会を置くことができる」ことを法的な根拠にする諮問機関である。筆者の経験でも、協議会メンバーからは日常的な業務に関する助言や支援を受けたばかりでなく、ある時には本庁に対して新館建設の要望を出したことなどもあり、博物館運営になくてはならない組織である。博物館協議会は本庁に対するご意見番の役割をはたす側面もあり、それがなくなると、博物館は本庁から孤立無縁の存在になるのではないかと危惧する。

2　管理運営費と入館者数の推移

　図32は、流山市立博物館の入館者数と予算額の経年変化を示している。

　なお、図32〜図36まで、各年度に示した人件費のうち、我孫子市以外については、博物館費のなかに含まれていないため、正確な数値を得ることができなかった。そのため、我孫子市の予算額から職員１人あたりの平均額を算出した

102　第Ⅱ部　直営博物館の現状と課題・展望

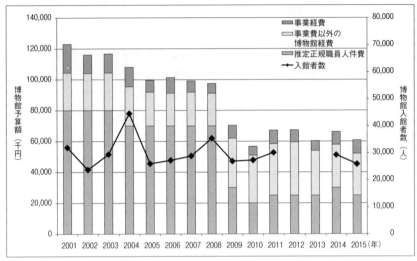

図32　流山市立博物館の入館者数と予算額の推移（※2012・13年は休館（耐震工事）のため入館者数を除外する）

平均960万円に、各博物館の職員数を乗じた数値を「推定正規職員人件費」とした。この金額には、給与以外に社会保険料、互助会などの事業主である自治体の負担金も含まれる。

　流山市立博物館は、1978（昭53）年に開館した歴史民俗系の博物館である。この15年間をみると、利用者数はほぼ2万人〜3万人台で推移している。先述したように、2009（平21）年に同じ建物内の図書館と組織統合し、館長が両館を兼務するようになったが、それ以前と比べても入館者数に大きな変化はみられない。事業費は、2004（平16）年以降、少し減額されているものの、一定の予算が確保されている。

　館長によれば、組織統合により、図書館職員との風通しがよくなり共同イベントを開催しているそうである。図書館が企画したコンサートを展示室で実施することや、夏休みイベントを図書館でも同時開催することができるようになったメリットもあるそうである。

　しかし、人員不足のために日常的な博物館業務に支障が生じており、新規事

業を立ち上げることができない。地域との連携活動が必要なことは認識しているが、そのためにスタッフを配置することもできないという。

図33の市立市川考古博物館は、1972（昭47）年に開館した考古学を専門にする博物館であり、国史跡の堀之内貝塚に隣接している。1980年代前半が入館者数のピーク期で5万人近くに達した。当時は、企画展や学術シンポジウムなどの普及事業が活発に行われ、同館の活動は全国的に注目を集めていた。

しかし、行政改革の影響により、1991（平3）年まで毎年措置されていた企画展の予算は、翌年から3年に1回（原則）に削減されるようになった。2014（平26）年には、前年比で5％のマイナスシーリングがかかり、いっそう財政状況が厳しくなっているという。

一方、2010（平22）年まで減少傾向であった入館者数は、翌年から回復しつつある。ちなみに2013（平25）年の入館者数約2万6,000人のうち、5,500人が市内の小中学校の生徒達の見学である（市立市川考古博物館 2015）。また、小学校の出張講座は、同館の主要事業の一つとなっているが、近年は年間40回（延べ数）にものぼっている。入館者数が回復している理由の一つには、このよう

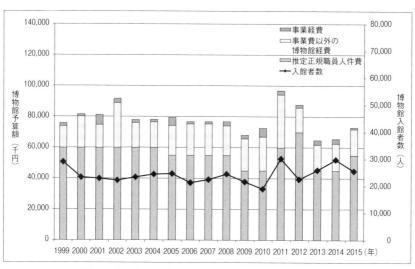

図33　市立市川考古博物館の入館者数と予算額の推移

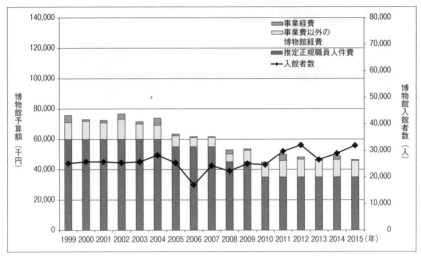

図34 市立市川歴史博物館の入館者数と予算額の推移

に学校教育との連携により、小学生などの入館者が増えたことがあげられる。

　図34の市立市川歴史博物館は1982（昭57）年に開館した、地域の歴史や民俗を扱う博物館である。考古博物館から徒歩2分ほどの場所に立地する。開館当時の入館者は4万人台であったが、その後は考古博物館と同じようにほぼ2万人台で推移している。

　同館は、考古博物館より予算や人員の削減が進んでおり、企画展の予算がつくのも3年に1回というように減額されている。また、職員体制は2000（平12）年に6人体制であったものが、2010（平22）年に3.5人体制に減らされた。それにもかかわらず、2010（平22）年頃から入館者数が回復しているのはなぜだろうか。

　学校団体の利用者数に着目すると、2009（平21）年は48団体（約4,600人）であったが、2010（平22）年は57団体（5,400人）、2011（平23）年は79団体（7,200人）というように、やはり小学校団体の利用が増えている。同年には、企画展「昔のくらしと道具を探そう」を開催しているが、その入館者数は約8,000人にのぼる。学校団体の入館者はこの人数に含まれるのだろうが、いずれにしても、この企画展は小学生達に好評のようである（市立市川歴史博物館 2009〜2015）。

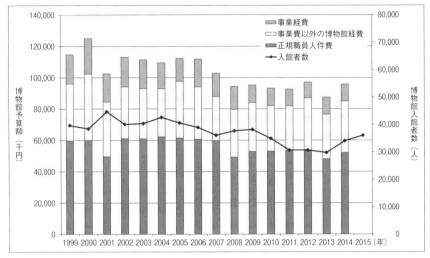

図35 我孫子市鳥の博物館の入館者数と予算額の推移

　図35の我孫子市鳥の博物館は、1990（平2）年に開館した鳥類や環境に関する博物館である。同館の企画展の予算についてみると、2000（平12）年までは約500万円であったが、その後は100万円に減らされ、2011（平23）年以降は10万円になっている。

　館長に直営館のメリットを聞くと、運営管理の継続性を確保できることや、3,000点のコレクションの寄贈者との信頼関係や継続性を前提にした事業展開ができることであるという。また、同館は、全国ワースト1であった手賀沼の汚濁を浄化改善することを目的に、市の政策として設立された経緯もあり、運営方針の一つになっている「自然環境のフィールドミュージアム」を維持していくことが大切であるともいう。

　入館者数をみると、2013（平25）年まで右肩下がりで減少していたが、2014（平26）年から回復する傾向になっている。その理由は、2011（平23）年3月11日の福島原子力発電所の事故により飛散した放射能のホットスポットになったために、小学校が校外見学を控える状況が続いていたが、それが復活するようになったことがあげられるという。また、博物館と隣接する山階鳥類研究所とタイアップした企画展「山階コレクション展～日本の鳥学を築いた研究所の

貴重標本展～」(2014年)では、貴重な鳥類標本を公開したことにより、若年者や中高齢者の来館者も増えていることによる。

　図36の松戸市立博物館は、市制施行50周年を記念して、1993(平5)年に開館した歴史博物館である。2000(平12)年当時は、運営管理費(正規職員の人件費を除く)は、1億7,200万円であったものが、少しずつ減らされて2014(平26)年には1億4,000万円になっている。この図は、それに推定の人件費を加えたものである。それでも、事業費は6,000万円ほどが維持されており、そのうち特別展関連予算の約1,000万円も、ほぼ同額が確保されている。

　入館者数は、2011年には6万7,000人と低かったが、それ以降は少し増加している。常設展示と特別展をあわせた総観覧者数は3万7,000人(2014年度)となっている。そのうち有料者数は14％、無料者数は86％である(松戸市立博物館 2014)。それに比べて、2000(平12)年は総観覧者数5万2,000人のうち有料者数は29％、無料者数は71％であった。比較してみると、15年の間に無料者数の割合が高くなっている様子を知ることができる。

　無料観覧者の多くは、小学校単位の博物館利用者や、小学生などの児童となっている。とくに、小学校の学習単元にあわせた展覧会である「(学習資料展)

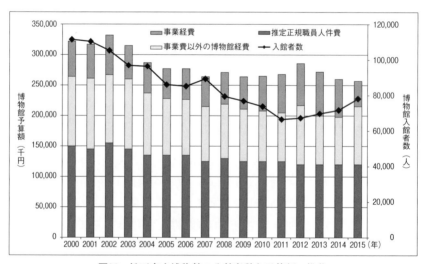

図36　松戸市立博物館の入館者数と予算額の推移

昔のくらし体験」（2014年度）を行うことにより、小学生の来館者を増やしている。博物館としては、入館者数を少しでも増やすために、近隣市の小学校にも来館を呼びかけているそうである。

　以上、限られた直営の市立博物館数ではあるが、近年の公立直営館の状況を理解することができる。改めて整理すると次のようになる。

①職員の定数管理や、一部の自治体で行われている組織の統合により人員が削減されている。さらに事業費の予算も削減されている。博物館を最低限の予算で運営することが日常化しているために、新規の事業をすることもできず、利用者に対するサービス意識が生まれにくく、仕事に対するモチベーションも上がりにくくなっている。このような状況は、ここに取り上げた博物館に限らず、全国の多くの直営館でもよくみられることである。

②現地調査の結果、指定管理館のように利用者サービスを向上させている様子を確認することができなかった。第Ⅰ部第5章1節で点検したような指定管理館の改善策を、とくに認めることができず、15年前の状況とほとんど変わらないところが多い。

③入館者数は減少傾向であったが、近年は回復している館が目立つ。その理由はいろいろと考えられるが、主に小学校単位の利用者を積極的に受け入れるようになったことがあげられる。学校と連携して、博物館の企画展などを見学することは、画一的になりがちな授業に多様な学びの形態を取り入れる試みとして評価することができる。

④一方、若年者や中高齢者などの一般の利用者数は減少し続けている。地域博物館として、バランスのとれた利用者の構成になるように、一般の人たちも魅力を感じるような改善をはかることがもとめられる。

⑤ほとんどの館では、博物館が主体的に所管課と協議して作成する中長期計画が策定されておらず、将来的な運営管理について不透明のままになっている。

　それに関連して、1980年代から90年代のバブル期に建てられた全国の博物館は、施設や設備の老朽化が進み、修繕が必要な状態になっているが、財政難のために手つかずのままになっているところが多い。今後、公共施

108　第Ⅱ部　直営博物館の現状と課題・展望

設の再編成や再配置について、各自治体がどのような方針や計画を策定するのか、そのなかで博物館をどのように取り扱うのか、ということが問われることになる。

2．県立博物館の現状

次に、県立クラスの大規模な直営館の運営状況を調べてみることにする。県立博物館の先駆的な事例として、ここでは東北歴史博物館を取り上げる。

2015（平27）年11月、筆者は宮城県の東北歴史博物館を訪れて、学芸部長から最近の運営状況について話を聞かせていただいた。同館は、1974（昭49）年に開館した旧東北歴史資料館を発展踏襲させて、1999（平11）年4月に開館した。旧館は国府多賀城の史跡区域の隣接地に建てられたが、新館はJR東北本線の国府多賀城駅前に立地しているので、駅から徒歩2分と鉄道のアクセスが良い。

第Ⅰ部第3章では、島根県立古代出雲歴史博物館などの県立館を扱ったので、それと比較するためにも同館の基本情報について概要を述べておくことにする。

1　博物館の概要

年間経費は、5億3,978万円（2015年度予算）（正規職員の人件費含む）となっており、人件費（2億2,000万円）、管理費（2億5,200万円）、企画展示費（4,400万円）、教育普及費（350万円）、資料管理費（316万円）、調査研究費（112万円）などである。それに対する入館料収入（使用料）は2,460万円（2014年度決算）であり、収益率は約5％となる。

職員数は、館長1人（非常勤）のほかに、副館長1人（常勤）、事務職員6人（うち5人は多賀城跡研究所兼務）、学芸員16人（考古7、歴史4、民俗3、保存科学2）。県の正規職員は23人からなる。

2014年度の入館者数は約15万人（内特別展・常設展入場者：6万7,000人、施設利用・講座参加者数：8万3,000人）となっている。なお、開館以来の入館者数の推移をみると、当初は20万人であったが、3年後から15万人台になり、

その後は12万人台の年度が多くなっており、減少傾向が続いている。

2　ミッション

博物館の基本方針となる、同館のミッションをみると次の通りである。

・東北の姿を自ら再発見し、東北の存在を広く世界に発信することにより、国際化の時代に相応しい地域づくりとその活性化に貢献します。

・既存の博物館のイメージを脱皮し、類例のない新しい博物館のあり方を追求します。

・「明日の東北」を考えるきっかけづくりを重視し、実社会と積極的に交流する博物館を目指します。

このように同館は、宮城県内ばかりでなく、東北地方を活動領域にした県立博物館を目指している。ミッションを受けて、「参加し体感する」「生涯学習ならびに調査研究に機会と場を提供する」「豊かな情報を提供する」「自ら研究する」「文化財を後世に伝える」「幅広く交流する」という目標を設定している。

そのなかでも、「自ら研究する」という目標については、「活発かつ高度な研究を基礎とし、その成果を展示公開や利用者の学習活動に役立てます。大学や地域の研究者との共同研究を実施し、内容の充実に努めます」というように、調査研究機能を重視している。このことは、旧東北歴史資料館の機能を継承発展させるものになっている。

また、同館は2012（平24）年11月に、従来までの活動を振り返り、将来計画を作成する中長期計画を策定した。そして、新たに設定した目標に対する達成項目と、具体的な事業に対する自己点検の結果を公開している（東北歴史資料館 2015）。

3　調査研究の充実化

そもそも同館の前身となる旧東北歴史資料館は、学術的な調査研究や資料整理、保存科学処理を主要事業とし、展示や講座などの普及活動は、どちらかというと二次的な事業に置かれていた。「資料館」と命名されたのも、「博物館」とは4つの機能（収集、整理保管、調査研究、教育普及）がバランス良く機能するもので、「資料館」とは調査研究を重視する研究型とする見解（加藤 1977）

が、そのことを裏づけている。

　こうして設立された同館の調査研究活動は目覚ましいものであった。民俗部門による県内の民俗分布調査、考古部門は中世城館や窯跡等の調査、文書部門では多賀城跡出土の漆紙文書や木簡調査などが行われた。開館5年後には2万3,000点を超えるコレクションを整理し、材質や劣化の状態に応じた資料の保存処理や研究も行われていた。さらに、同館では古代国府の多賀城跡（国の特別史跡）の発掘調査や史跡整備をするために、宮城県が設置した多賀城跡調査研究所を併設しており、さらに東北地方の歴史資料を集めた情報センターを目指した（佐々木光 1979）。その考え方や事業は、同館のミッションや目標にも示されているように、現在まで継承されている。

4　行政改革による予算の縮減

　しかし、このような大規模な県立館でも、行政改革による削減や合理化のために困った事態が生じている。

　まずは、予算の縮減が行われていることである。2006（平18）年以降は、毎年5〜10％のマイナスシーリングになっている。シーリングとは、本庁の各部局が財政部局に対して予算要求する際の限度額をいうが、「マイナスシーリング」は、その限度額を前年度の予算額よりも低く設定しなければならないことをいう。

　そのため、研究調査事業に関する予算は100万円ほどになっている。外部資金を獲得しなければ、充実した調査研究を実施することが困難な事態になっている。資料購入費も2008（平20）年度からゼロ査定になり、計画的に資料を収集することが難しくなっている。

　マイナスシーリングが連続すると、博物館の予算は人件費と施設管理費の占める割合が高くなり、事業費が大幅に圧縮される。そのため、学芸員の負担が増大する。例えば、従来ならば外注業務に回すことのできた展示や教育普及に関連する業務やイベントの実務を、学芸員が担当することになる。そのために、学芸員が調査研究にあてる時間の確保が難しくなっている。調査研究と周辺的な業務との関係が逆転し、「負の連鎖」に陥りかねない状況になっているという。

また、学芸員の高齢化も課題である。現在の平均年齢は40代後半となっているが、今後10年間に、多くの学芸員が定年退職する。しかし、県の職員の定数管理計画との兼ねあいなどにより、退職者の再任用制度や後任の採用人事については不透明となっている。

同館のような調査研究型の博物館は、直営館でなければできないことである。しかし、予算削減などのために、そのことが保障されにくくなっているのが実状である。

3. 直営館のジレンマ

先述したように、指定管理者制度を博物館に導入することに懸念を示した日本学術会議は、博物館の専門性を維持するためには、直営館が適正であることを表明した。

しかし、現実の直営館は行政改革のために、人員や予算の削減や組織の簡素化や合理化により、厳しい運営を強いられている。

日本博物館協会による全国調査のデータをみても、直営館の人件費支出額は減額している。433館を対象にしたところ、2007（平19）年度の平均額4,021万円であったものが、2012（平24）年度には3,635万円に減額している（杉長 2015c）。

また、1998（平10）年度から2012（平24）年度までの文部科学省の「地方教育費」の推移をみると、全国の市町村の博物館経費の支出額は、1998（平10）年の1,760億1,200万円に比べて、2012（平24）年は978億8,800万円というように56％に減っている。都道府県についても、同じように1,138億9,800万円から486億4,200万円と43％に削減している（杉長 2016）。この15年間に自治体の博物館経費はおよそ半減しているのである。

筆者が、2014（平26）年9月に訪れた香川県が直営する瀬戸内海歴史民俗資料館は、直営館のジレンマをそのまま映し出しているようであった。同館は、旧東北歴史資料館と同じように、瀬戸内海地域の資料収集・保管や調査研究を目的に、1973（昭48）年に設立された研究型の資料館である。しかし、2000（平12）年頃から予算のマイナスシーリングがかけられ、2008（平20）年に香川県

112　第Ⅱ部　直営博物館の現状と課題・展望

歴史博物館（1999年設立）と組織統合が行われ、両館をあわせて香川県立ミュージアムと名称を変更して、資料館は分館として扱われるようになった。

　そのために、組織が簡素化された。組織が統合される以前の2006（平18）年度には、9人体制（館長1、学芸課長1、学芸員4、事務職3）であったが、その後の2014（平26）年度には3人体制（館長・学芸兼務1、学芸員2）というように人員削減された。2014（平26）年度の決算額は、約1,360万円（香川県　2015）のうち、学芸関係の事業費は約100万円、残りは施設管理費となっている。

　同館が発行した『開館30周年記念史』（瀬戸内海歴史民俗資料館編　2003）によれば、統合する以前の2003（平15）年度の財政状況は、約3,400万円（人件費別）となっていた。施設の維持管理にかかる経費以外の事業費として、資料収集費900万円、調査研究・教育普及費190万円、漁撈関係資料の点検整理のための特別事業費として150万円が確保されていた。

　同館は、開館以来、瀬戸内海地方の生業や生活・文化に関する資料を収集・保管し、調査研究した成果を展示公開していた。さらに、漁撈習俗調査、瀬戸内地方の海上信仰調査、島嶼部調査、諸職関係民俗調査、歴史の道調査などの調査や、漁撈用具保存処理事業などのような資料保存に関する事業も積極的に行われていた。しかしながら、現在は当時のような組織や財政的な裏付けがなくなり、残念ながらそのような活動をすることができなくなってしまっている。

　博物館を適正に運営するためには、組織体制や財政基盤を整え、その上でミッション、施策、事業、評価の仕組みを機能させなければならない。ヒト・モノ・カネという経営資源を前提に、資料の収集・整理・保管・資料公開・展示活動や各種事業のバランスをとり、適正にマネジメントをすることである。しかし、現状の直営館は、そのような条件が整わず、厳しい運営状況になっているところが多いのである。

第2章　直営館のリニューアルと再生の取り組み

1．博物館のリニューアル

　公共施設の老朽化問題は社会問題にもなっているが、公立博物館についてはどうだろうか。2013（平25）年に行った「博物館総合調査」によれば、回答のあった全国の2,258館中、リニューアルの必要な館が1,528館、必要のない館が270館、完了した館は203館であることが判明した。研究分担者の杉長敬治氏による分析の結果、約7割の公立博物館はリニューアルの必要性を認識しているが、なかなか実行することができない状況におかれていることも明らかになった（杉長 2016）。

　一方、2006（平18）年からは、リニューアルの館数が新設の館数を上回るようになっていることも判明している（石川 2016）。公立博物館を含めた公共施設のリニューアルは、全国の自治体にとって喫緊の政策的な課題になっている。財政状況が厳しいなか、一部の自治体は、博物館などの公共施設全般の老朽化の状況を踏まえながら、各施設の政策上の位置づけや利用状況等を総合的に判断し、リニューアルの計画を策定している。

　博物館をリニューアルする理由とは、具体的にどのようなものだろうか。2015（平27）年10月に法政大学で開催した「日本の博物館総合調査研究」プロジェクトによるワークショップで丹青研究所の石川貴敏氏が発表したもの（石川 2016）を、筆者なりに再整理すると次の通りである。

　・施設・設備の老朽化
　・新たな機能・役割への対応（施設や館内設備の改修）
　・利用者サービスの向上（観光促進も含む）
　・展示の更新、時代に即した展示内容・手法の採用
　・震災などの災害からの復旧

114　第Ⅱ部　直営博物館の現状と課題・展望

　実際のリニューアルは、複合的な理由から行っていることが多い。さらに、施設や設備をリニューアルするばかりでなく、それにあわせて運営方針や事業の見直し、組織の改編など経営面を見直しているところがある。次に、その具体例をみていくことにしたい。

2．新潟市新津鉄道資料館の取り組み
―ハコモノ施設から博物館に再生する―

　新潟市は、2005（平17）年3月に旧新潟市と新津市、白根市、豊栄市、小須戸町、横越町、亀田町、岩室村、西川町、味方村、潟東村、月潟村及び中之口村の12市町村が合併し、2007（平19）年4月に政令指定都市になり人口81万人を擁する都市になった。

　政令指定都市になって5年後、各地域の旧市町村ごとの文化施設のあり方を見直すために、市内8区のうち、秋葉区と西蒲区の2区をモデル区に選定し、現地調査や、区役所と共同で各施設等に関わる住民と区役所等職員の合同によるワークショップを実施した。

　筆者は、「新潟市文化施設あり方検討」のアドバイザーとして、後述する西蒲区とともに、旧新津市を中心とする秋葉区内の文化施設の検討作業に参画した。

　秋葉区内には、鉄道資料館のほかにも新津美術館、石油の里記念館などの市の文化施設がある。とりわけ、鉄道資料館は合併後の見直し作業後に、そのあり方を再検討することになった。

　筆者が座長となり検討委員会を発足させてから2年後に、新潟市は施設や展示のハード面のリニューアルだけでなく、組織や機能などのソフト面を含めた全面的な改革を行った。

　そこで、どのようにして同館を博物館として再生することができたのか、そのプロセスを紹介することにしたい。

1　新津鉄道資料館とは
　新津鉄道資料館は、現在の東日本旅客鉄道株式会社（JR東日本）新津車両

製作所の敷地内にあった旧国鉄の施設を利用し、旧新津市が1983（昭58）年に開設した。静態保存車両を含めて2,000点を超える資料を展示・公開していたが、施設の老朽化に伴い、1998（平10）年に国鉄時代から職員の訓練施設であった旧新潟鉄道学園に移転した。資料館が専有する1階の床面積は約900㎡であった。

この際、実物車両はJRに返却されたが、移転にあわせて多くの元国鉄職員や住民から資料の提供を受け、約8,600点にのぼるコレクションを所蔵していた。旧新津市は「国鉄の町」といわれるように、住民生活にとって鉄道は馴染み深いものであった。

最初の資料館は、現在よりも市街地の近くにあり、小規模ながらも車両製作所の敷地内で実物車両を展示していた。現在の場所に移転してからは、展示スペースは広くなり展示品の点数も増えた。しかし、実物車両がなくなったことや、展示替えもしなかったことなどから、地元での存在感は次第に薄れていった。

当時の年間予算は約260万円。これはランニング・コストや臨時職員の人件費など、施設を管理するための最低限の金額である。所管は、秋葉区の地域振興課があたり、実務は隣接する公民館職員が兼務し、資料館には旧国鉄OBの臨時職員が常駐していた。

2　住民と職員のワークショップ

2011（平23）年10月、筆者がコーディネーターとなり、地元住民のワークショップを行った。さらに、同年11月には、秋葉区の重点施設として、「鉄道資料館の再生」をテーマに取り上げて、新潟市職員による検討会を開催した。筆者が座長となり、旧新津市役所や隣接する旧小須戸町の職員を中心に、資料館の現状や今後のあり方などについて意見交換した。参加者は、国鉄OBや公民館職員、区役所の様々な部署の職員達であった。

住民、市職員、専門家から出された意見を項目別に分類して整理すると、肯定的な意見もあったが、問題点を指摘する意見の方が多かった。埼玉の鉄道博物館や、大阪の交通科学館の専門家によれば、特定地域の鉄道コレクションとしては質量ともに優れているが、実物車両がないのは展示施設にとって魅力に

欠けるということだった。

　つまり、鉄道資料館を再生させるためには、コレクションという〈強み〉を活かして、組織や人員の体制を整えること、そして資料の整理や登録作業によりデータベースを構築して、実物車両の確保を含めて、施設や展示のリニューアルをすることが必要であるということである。また、最寄りの新津駅からのアクセスを確保することや、地元の商店街との交流・連携をはかることなども課題であることが明らかになった。

3　検討委員会を設置する

　2011（平23）年12月、筆者はアドバイザーとして、担当部長や課長らとともに、篠田昭市長と鉄道資料館のそれまでの見直し作業と今後の方針について協議したところ、市長は同館を再生させるという判断を下した。そして、次のように、その後の作業を確認することができた。
　・新年度（2012年度）から検討会を発足させる
　・準備のために担当職員を配置する
　・市長や部長がJR東日本に協力を要請する
　・専門家にコレクションの評価を依頼する
　その後、文化政策課が担当課となり、鉄道資料館の再生に向けた道筋をつくることができたが、この段階では、まだどれぐらいの予算や規模で具体化させることができるかは未知数であった。

　翌年度から、いよいよリニューアルの準備作業が本格的に開始され、事務局は文化政策課から歴史文化課となり、専従の職員も１人配置された。ところが、担当課からは市長と合意した検討会を、こちらから提案した「検討委員会」に格上げすることに対して難色が示された。

　事務局である担当課は、担当者を中心にして作業を進めることとし、筆者ら専門家を助言者として位置づけるように想定していた。「アドバイザー合同会議」にして、指導や助言をする方式を提案してきたのである。

　しかし、そのような小さい組織体制でスタートすれば、鉄道資料館の再生事業は、こじんまりとしたものになることは目にみえていた。事務局がセットするような意見交換会になり、新潟市の全庁的な取り組みとはみなされにくくな

る。事務局もそのことはわかっていたはずである。

市の制度上、正式な検討委員会にするためには条例設置が必要となり、公募委員を入れることや、委員の人選や考え方についても議会に説明しなければならない。仮に、その手続きをするとしても半年ほどかかる。

要するに、事務局は準備の段取りが煩雑で面倒になることから、あまり目立たずに済ませたいと考える。まして条例を設置するとなれば、議会との調整など手間や時間もかかる。もちろん悪気がある訳ではないのだが、なるべく穏便に進めたいのが役人の行動原理である。

しかし、鉄道資料館を再生させるためには、住民の理解をはかるとともに、市長の了解を得て、本庁内部でも再生計画や、必要な予算を確保しなければならない。そのためには、事務局が主導して進めるのでなく、合議体として「検討委員会」を設置することが不可欠である。その方が対外的にも、本庁内部にも浸透する。つまり改革を進める上で、それに相応しい形を整えることが必要であった。

そこで課長と協議したところ、懇話会という形式ではどうだろうかと提案された。これは議会の議決を必要とする条例設置でなく、行政機関の内部規定による要綱設置となる。懇話会でも、例えば「検討委員会」という名称にすることにより、委員の意見をまとめて市長に提言書を出すことができる。制度的に、会議の情報公開、提言案の一般公開などをしなければならないが、問題になることではない。

こうして、懇話会形式による「新津鉄道資料館活性化検討委員会」（以下、検討委員会とする）というお膳立てができた。検討委員会のメンバーは、筆者のほかに鉄道専門家（元交通博物館学芸員）の佐藤美智男氏、展示専門家（南山大学講師）の里見親幸氏、市民（30代主婦）の４人であった。

事務局は歴史文化課である。歴史文化課は、市内の文化施設（新潟市歴史博物館、埋蔵文化財センターなど）を所管している。ただし、それまで資料館は文化政策課が担当してきたために、歴史文化課に全てをバトンタッチするわけにいかない。両者が連携することを不可欠のこととして、常に両課の意思疎通をはかりながら進めることにした。

118　第Ⅱ部　直営博物館の現状と課題・展望

4　改革案を作成する

　検討委員会は、これまでの同館の問題点を解決するために、ワークショップや専門家による意見、さらに現地調査の見解を踏まえて、次のように課題を再整理した。

　①ミッションを作成する

　②職員を配置して組織体制を整備する

　③施設や展示をリニューアルする

　④コレクションの収集と登録・管理を整備する

　⑤最寄り駅からのアクセスを改善する

　⑥地元や関係機関と連携する

　検討会は 5 カ月間に10数回に及び、それぞれの課題について具体的に改善策を検討した。2012（平24）年10月には、『新潟市新津鉄道資料館活性化基本計画策定に向けた提言書』（新津鉄道資料館活性化検討委員会 2012）と、それに続き『新潟市新津鉄道資料館活性化基本計画（案）』（新潟市 2012）を市長に提出した。

5　改革案をどのように実現したのか

　改革案を実現するための要点は、①組織づくりと人員の確保、②予算の手あて、③法令による裏づけとなる。具体的に、市は次のようなことを行った。

　①組織づくりと人員の確保

　2012（平24）年 4 月、区役所から本庁の歴史文化課に 1 人の専従職員が配属された。新津鉄道資料館職員検討会に参加していた区役所の職員が、人事異動して、「新津鉄道資料館担当」となったのである。地元の職員には人的なネットワークがあり、何よりも再生に熱意をもって取り組むことのできる人材が望まれた。主な業務は、検討委員会の準備やとりまとめ、実車展示、展示設計及び展示改修、資料収集、予算編成、JR や地元・鉄道関係団体との協議などであった。

　翌年 4 月に新潟市歴史博物館の学芸員も異動することとし、学芸部門の充実をはかった。さらに、常勤の学芸員を 1 人採用した。学芸員は、展示改修の準備や駅前サテライトの運営、地元との関係づくりに従事した。翌年は、資料館

ボランティアの育成、イベントの開催、資料の収集・整理やその管理なども行っている。館長（非常勤）は、JRの駅長のキャリアをもつ地元の人が着任した。

②予算の手あて

検討委員会が市長に提出した『新潟市新津鉄道資料館活性化基本計画策定に向けた提言書』は、新潟市のホームページでも一般公開した。それに続き、『新潟市新津鉄道資料館活性化基本計画（案）』がパブリックコメントに出された。2013（平25）年2月、市長が補正を含めた予算案を市議会に提案し、2014（平26）年度に2億1,700万円の予算案が市議会で可決された。

その内訳は、展示改修などの設計や改修業務、実車の輸送、展示業務、駅前サテライトの開設・運営業務、空調設備工事、事務費などである。翌年度も施設・展示などの改修のために1,800万円の予算がついた。

なお、以前は年間260万円（公民館職員人件費を除く）であった年間の経常経費が、6,000万円（人件費を含む）というように大幅に増額した。

③法令による裏付け

市は、これまでの同館の条例（新潟市新津鉄道資料館条例）の一部を改正した。条例を改正した最大のポイントは、同館をこれまでのハコモノ的施設から博物館にするために、次のような条文が追加されたことである。

第2条
（1）資料の収集、整理、保存、調査及び研究を行うこと
（2）資料の展示及び公開を行うこと
（3）鉄道に関する文化の普及及び啓発に関すること
（4）鉄道に関する講演会、講座、体験学習その他の催物を開催すること
（5）前各号に掲げるもののほか、前条に規定する目的を達成するために必要な事業

また、施設については、第3条に次のような施設を置くことを規定した。（1）常設展示室、（2）企画展示室、（3）パノラマ展示室、（4）多目的スペース、（5）屋外展示コーナー。

6　リニューアル開館する

2014（平26）年4月、常設展示室をリニューアル開館したのに続き、同年7

写真8　エントランス付近の展示コーナー（リニューアル前）　　写真9　壁面の展示コーナー（リニューアル前）

写真10　同じエントランス付近の展示コーナー（リニューアル後）　　写真11　同じ壁面の展示コーナー（リニューアル後）

月、企画展示室やカフェなどの2階を含めた全館を開館した。リニューアル前（写真8・9）とリニューアル後（写真10・11）とを比較すると、大幅に展示替えをした様子を知ることができる。

　入館者数の推移をみると、リニューアル以前は年間8,000人前後であったが、2013（平25）年は6月に実物車両を無料で特別公開したところ、2日間で約1万人の来場者があった（写真12）。

　実物車両は、上越新幹線（200系）と蒸気機関車（C57）を輸送して資料館の敷地に設置した。新幹線はJR東日本から無償で譲り受けたもので、前年まで現役で運行していた同型式の最後の車両である。蒸気機関車は市内の公園に保管していたものを移設した。

その後、2014（平26）年度の入館者数は4万7,000人ほどになり、完全オープンした2015（平27）年は5万人近くになった。入館者のアンケートには、「他の鉄道博物館にはない独特の雰囲気のある展示が良い」「展示品を身近にみられることや、大型の鉄道博物館の展示品にはないものがある」などの感想が寄せられている。鉄道という専門的な内容を丁寧にわかりやすく解説していることも好感をもたれている。

なお、同館のその後の活動については、ほぼ当初の計画を実行することができている。そのなかでも、地域との連携活動については、後述するように一定の成果をあげることができている（第Ⅱ部第4章4節参照）。

2016（平28）年10月には、新津駅にある東京藝術大学の宮田亮平学長（現文化庁長官）のステンドグラスの原画を壁画にした作品を、資料館の壁面に設置する記念式典も行われた。

写真12　搬入した実物車両を特別公開する（新潟市新津鉄道資料館提供）

122 第Ⅱ部 直営博物館の現状と課題・展望

3. リアス・アーク美術館の取り組み
―東日本大震災の記憶を伝えるアーカイブ―

1 目黒区美術館の「東日本大震災の記録と津波の災害史」展

　2016（平28）年3月、筆者は目黒区美術館で開催されていた「東日本大震災の記録と津波の災害史」展の見学に訪れた。この展示は、同区と友好都市協定を結ぶ宮城県気仙沼市のリアス・アーク美術館の常設展示の一つで、展示室には、2011（平23）年3月11日に発生した大震災で被災した宮城県気仙沼市と南三陸町内の様子を撮影した200点ほどの写真が展示されていた。どの写真も被災の実像を伝えるものばかりであるが、被写体に人物は一人も写っておらず、全ては津波により破壊された町の土地や建物、設備、生活道具などであった。

　展示をみていると、ふと一枚のキャプションに目が留まった。「地域文化として津波災害をとらえる」というものであった。最初は、「なぜ津波が……」と違和感をもちながらも、読み終えると、なるほどその通りだと思った。三陸沿岸部は歴史的に津波の常襲地帯である。過去に津波が襲来した年数を平均すると40年ごとに被害にあっている。雪国では雪を抜きにしてその土地の生活や暮らしを語ることができないのと同じように、三陸地域も海を抜きにして生活ができないことから、実は津波災害と表裏の関係になっている。津波は地域文化を規定する最高位の自然要素としてとらえられるという。そして、〈文化〉とは、「積み重ねられた人々の暮らしの記憶そのもの」ということである（山内編 2014）。

　このような少し衝撃的な経験をしたことから、筆者は翌月にリアス・アーク美術館を訪ねた。美術館は気仙沼市街地郊外の丘陵地にあり、「丘の上から海に乗り出すような方舟」をイメージした建物であった。学芸係長から話を聞いたところ、震災後の活動ばかりでなく、開館から今日までの約20年間にわたり、学芸員たちが自問自答しながら同館を自己改革させてきた様子を知ることができた。

2 リアス・アーク美術館とは

　リアス・アーク美術館とは、「リアス」が三陸のリアス式海岸を、そして、「アー

ク」はノアの方舟をイメージしているという。1994（平6）年10月に開館。

　同館は、宮城県による「地域文化創造プロジェクト事業」の中核施設として
つくられ、気仙沼市と南三陸町の気仙沼・本吉地域広域行政事務組合が管理運
営している。2004（平16）年に宮城県から組合に施設設備が無償譲渡された。

　組合が設立された1971（昭46）年当時は、1市5町（気仙沼市、志津川町、
唐桑町、津山町、歌津町、本吉町）であったが、平成の大合併で現在のように
なった。組合は、同館のほかに、広域消防や防災センターの事業も担っている。

　一部事務組合というのは、複数の自治体が共同して運営するために設置する
ものであるから、自治体が直接運営する直営方式とは異なる。先述した多摩六
都科学館も、やはり同じように組合が設置する直営であったが、現在は組合が
事務上の管理を維持し、指定管理者が事業全般を担っている。これに比べて、
リアス・アーク美術館は、組合がそのまま継続して直営で運営している。

3　コレクションをもたない美術館

　開館当初は、コレクションをもたない美術館としてスタートしたという。ま
た、設立準備の段階で、歴史・民俗分野も含まれていたことから、美術館といっ
ても、歴史・民俗博物館と複合的なもので、「美術展を企画開催する巨大なギャ
ラリー」というものであったそうである。

　歴史・民俗は、「押入れ美術館」と呼ばれる常設展示をしていた。展示の設
計や実施は、展示専門業者が手がけたものであった。しかし、学芸員によれば、
常設展示は歴史・民俗的価値の定義づけが曖昧であり、「キッチュなものの集
合体」のようであり、地元住民の評判は良くなかったという。

　当初、同館の事業費は基金の運用益をあてることになっていた。しかし、経
済が低迷すると低金利になり、そのため予算の確保も難しくなるようになった。
開館4年後には入館者数が約1万3,800人と過去最低に落ち込み、入館料収入
も減り、さらに財政を圧迫する負のスパイラルに陥ることになった。

4　開館6年目の改革と常設展のリニューアル

　そのため、2000（平12）年に「美術館利活用検討委員会」を設置して、抜本
的な改革を行うことになった。開館してから6年目、これが最初の改革である。

124　第Ⅱ部　直営博物館の現状と課題・展望

　改革の目玉は、まず展示を見直すことであった。展示業者が制作した歴史・民俗の常設展について、「食文化」をテーマに再編成し、学芸員が手作りした。リニューアルした新たな常設展を「方舟日記」と名づけた。

　また、美術展示に常設展示を設けた。それまでの企画展で関わりをもった作家から寄託や寄贈された作品をコレクションとして学芸員が編集して展示した。「N. E. blood21　東北・北海道在住若手作家紹介シリーズ」という新しい企画展をスタートさせることもできた。良い作品を制作しても報われていない作家を掘り起こすことを目的に、年間5名の作家を個展形式で紹介する。今日まで継続しているが、若手作家にとっては同館の企画展に出品することが目標になっているそうである。

　改革のもう一つの特徴は、地域との連携を積極的に行うようになったことである。小学生の総合学習で「方舟日記」の展示が使われる機会が増えるようになり、まちづくり活動、食育運動との連携もなされるようになった。

　2003（平15）年からは、美術館が主催する地域文化祭「方舟祭」をスタートさせた。これまで美術館になじみのなかった人たちにも足を運んでもらうように、「開かれた美術館」に脱皮をはかった結果、入館者数は約3万5,000人と過去最多を記録した。来館者の9割は地元住民のリピーターというように、地域に密着した美術館になったのである。

　しかし、自治体の財政難により、それまで市町の一般財源から支出していた事業費を負担することが困難となり、2006（平18）年から基金を切り崩して事業費にあてざるを得ない状況になった。基金の取り崩しは5年単位とし、事業計画を立てて実施した。以前からの学校や公民館などの美術の出前授業や、地域のまちづくり活動の協力などのアウトリーチ活動を、さらに積極的にやるようになった。

　また当時、明治時代の三陸大津波を検証する企画展を行ったが、展覧会を見学した住民は少なく、津波に関する関心も高くはなかったそうである。

5　東日本大震災の復旧リニューアルと次なる改革

　2011（平23）年3月11日に発生した大地震による津波は、三陸地域に甚大な被害をもたらした。気仙沼市でも死者・行方不明者1,359人、住宅被災棟数1

万5,815棟（2016年2月29日現在：気仙沼市ホームページ）という過去最悪の被害であった。

　館長は、被災時の美術館での出来事を、このように述べている。「被災した美術館の暗いワークショップ室で、学芸員たちと必死の形相で話しあった時間を、私は忘れない……『今、自分たちにしかできないことがある……』、学芸員たちが語るその思いを、同じ思いで受け止め、管理者と教育長に理解を求め、組合管理者と教育委員会の連名で、震災の地での記録、調査、資料収集等を命じました」（佐藤光 2014）。その後、学芸員たちは心身の危険を負いながら調査し、2年後に、「東日本大震災の記録と津波の災害史」の展示開催にもっていったのである。

　被災地の調査については、学芸員が詳細に報告している（山内編 2014）。筆者は、1995（平7）年1月の阪神淡路大震災の3カ月後、「文化財レスキュー」として被災地の文化財を救出する支援活動に参加したことがあるので、被災地の状況を少しは理解することができる。この調査は、想像を絶する状況のなかで被災現地に入り、決死の覚悟で被災状況を記録したのである。それは、使命感や責任感がそうさせただけでなく、彼らにとっては自分の人生をかけた未知への挑戦であったのかもしれない。

　同館は、震災により建物や設備などに被害を受けたことから、1年半かけて復旧工事をした。その間、学芸員は現地で撮影した3万点にのぼる写真や、250点ほどの被災物、さらに書きとめた膨大な記録類を整理した。さらに、1階の展示をリニューアルして「東日本大震災の記録と津波の災害史」という常設展示を開設する準備を手がけた（写真13・14）。

　展示は、単に震災被害を記録したものではなく、地域の最後の姿を残して地域再生のために活用することを意図したものであった。数々の写真や被災物の展示は、「何が壊れたのか」や「なぜそれは壊れなければならなかったのか」ということに主眼を置いて記録や収集されたものであるという。

　なぜならば、市内で壊滅的な被害を受けた地区の多くは戦後の埋立地にあたり、高度経済成長期の開発によってつくられた地域であることが判明したからである。また、いつかは津波が襲来するだろうが、住民が津波被害を記憶化することにより、津波という自然災害とつきあう知恵や情報をもつために、地域

126　第Ⅱ部　直営博物館の現状と課題・展望

写真13　リニューアルした常設展示

写真14　被災物が当時の状況を伝える常設展示

の文化を進化させることが同館の使命となっている。以上が、同館の2番目の改革である。

6 津波災害と地域文化

　学芸員は、自らが被災者で不自由な生活を強いられているにもかかわらず、膨大な写真記録などの整理や公開するための準備作業、被災した美術館の復旧工事の管理業務などをした。やらなければならない仕事が山ほどあるなかで、その常設展示を完成させたエネルギーの源は何だったのだろうか。いろいろなことがあるのだろうが、一つには地域に対する強い思いがあったからではないだろうか。学芸員によれば、震災以前から続けていた地域活動があったからこそ、その延長線上に津波被害の調査があったという。地域の人たちとのつながりを大切にする美術館の取り組みといえよう。

　学芸員達は、東日本大震災による津波被害の状況を記録・保管するだけにとどめるのではなく、地元の住民に記憶の定着をはかるために展覧会をした。厳しい予算、少ない職員、奇抜なデザインの建築物のために管理上の苦労がありながらも、もてる資源を最大限に活用してきたといえる。

　筆者が目黒区美術館で写真をみた時に感じた、津波被災後のまちに人の姿がなかったという違和感を学芸員に話すと、当時、現場には誰もいなかったからだという。だから、住民は自らの土地の最後の姿をみることができなかったのである。膨大な写真資料は、全てが気仙沼市と南三陸町の当時の姿を伝えるものである。ここに住む人々にとって、津波災害の本当の姿を残すことは耐えられないことかもしれない。しかし、それを記憶することができれば、津波から生き抜くための意識や知恵が生まれることになる。同館は、地域はもとより日本や世界に津波災害の事実を発信する役割と責任をもって事業に取り組んでいる。

4．中之条町歴史と民俗の博物館「ミュゼ」の取り組み
―歴史民俗資料館から脱皮する―

　平成の大合併により合併した町村の博物館は、市立に移行したものが多いものの、合併後の公共施設を見直す作業のなかで、統廃合されているものがある。

128　第Ⅱ部　直営博物館の現状と課題・展望

あるいは、その対象にならなくても、合併前に比べて経営的に厳しい状況にお
かれているところも多い。一方で、町政を存続させながら、直営館の取り組み
に前向きな自治体があることを見過ごしてはならない。その一つの事例として、
群馬県中之条町を取り上げることにしたい。

　江戸時代の中之条は、真田道と三国街道の脇往還である大道峠越えが交差す
る交通の要衝として、日本海の海産物や越後米などの物資が集積するなど経済
的に繁栄した。また、草津温泉をはじめ、沢渡温泉や四万温泉に湯治で訪れる
往来者により賑わいをみせていた。さらに、江戸から蘭学者の高野長英を地元
に招き入れて、福田宗禎などの弟子を育てるなどして、吾妻蘭学の基をつくっ
たともいわれる土地柄である。

1　中之条町歴史民俗資料館の開館

　中之条町は、1955（昭30）年4月、中之条町、沢田村、伊参村、名久田村の
4町村が合併し、2010（平22）年3月、六合村を編入して現在に至る。人口は
約1万7,000人（2016年5月現在）である。

　1982（昭57）年11月、中之条町歴史民俗資料館は開館した。1885（明18）年
築の旧吾妻第三小学校校舎を利用したもので、明治初期の擬洋風学校建築であ
る。

　同館は、1986（昭61）年に博物館相当施設に指定され、2003（平15）年に展
示研修施設（新館）を竣工し、2010（平22）年に登録博物館になった。翌年、
中之条町歴史と民俗の博物館「ミュゼ」と名称変更し、教育委員会の生涯学習
課が所管課となり運営している。

　筆者は、2016（平28）年2月に同館を訪れた。常設展示室には、自然・考古・
古代・中世・近世・高野長英・民俗・温泉・学校などの豊富な資料が分野ごと
に整然と展示されていることに目を見張った。それぞれに丁寧な解説文もつけ
られている。同年5月に再調査した際に館長から話を聞くと、常設展示は資料
館当時のまま活かされているということであった。

　旧資料館の設立は、1971（昭46）年に開始した町誌編纂事業が完成すること
を受けたものであるという。『中之条町誌』（全3巻、資料編1巻）は、合併20
年を記念して、旧町村誌として編纂された。編纂作業で蓄積された調査研究の

成果や、収集した資料を後世に伝えるために資料館の設立の話が浮上した。資料館づくりに尽力した初代館長の山口武夫氏は、「中之条町民の為になる資料館」を目指し、仲間たちと企画立案し、歴史、民俗、古代などの分野ごとに手分けして展示作業を行ったという（山口 2012）。

　そもそも、中之条町では郷土史研究が盛んであった。1958（昭33）年に発足した「吾妻郡郷土文化研究会」には200人以上の人々が参加した。山口氏は設立者の一人であったが、自身は印刷所を経営しながら、「好きな道に辛労なし」といって郷土史を調査研究し、本業の仕事を終えてからその成果の出版作業をしていたそうである。『中之条町誌』によれば、研究会が発足した当時から町誌編纂事業がはじまる頃の間に、刊行された郷土史の出版物は20冊ほどを数えるが、多くの人達が様々なテーマ（「明治・大正・昭和時代の中之条町」「高野長英と観光吾妻」「江戸時代の中之条町」「中之条高校七十年史」など）で郷土史の研究に取り組んでいた様子を知ることができる（中之条町誌編纂委員会 1978）。町誌の編纂事業が10年余りで完了したのも、こうした郷土史家達の郷土史に対する熱心な活動があったからである。

　もう１つの注目点は、明治建築の木造校舎に現代建築を融合させたところにある。後述する津金学校（第Ⅱ部第３章３節）は、旧須玉歴史資料館を合併後に津金学校に名称変更し、校舎をそのまま使用している。しかし、中之条町は旧校舎とほぼ同じ床面積の、ホワイト色の現代建築の新館を増築して、エントランス空間、事務室、研修室、企画展室、収蔵庫、図書室、エレベーター、カフェスペースを確保し、新たな機能・役割への対応と利用者サービスをしている。写真15のように、手前が校舎、その右手に増築した建物がある。欅の木の右側がエントランスとなっている。本館の館内は、学校時代の教室の間取りをそのまま利用している（写真16）。

2　博物館の運営状況

　スタッフは館長（非常勤）のほかに学芸員２人、嘱託１人（資料整理）、臨時１人からなり、学芸員が事務も兼務している。年間予算は約3,000万円、企画展の予算も確保できている。

　床面積は校舎630㎡、新築部分658㎡。入館者数は、開館後30年間で約30万人

写真15　リニューアルした中之条町歴史と民俗の博物館（同館提供）

写真16　学校時代の間取りを活かした展示室（同館提供）

だったが、近年は増加するようになり、年間1万3,000人ほどになっている。地元住民の利用は4割ほどで、残りは近隣の草津、四万、沢渡温泉の観光客が立ち寄るようである。筆者が最初に訪れた日には、雛祭りの期間だったが、館長が来館した地元の子ども達に菱餅を配布する様子をみて穏やかな気持ちになった。

　資料・図書数は約4万6,000件、5万6,000点（2016年3月31日現在）。膨大な数にのぼるため、本館以外にも、旧役場の倉庫や、最近は他の施設も活用できるようになったという。

3　なぜ博物館に転換したのか

　同館は、資料館から現在の中之条町歴史と民俗の博物館「ミュゼ」に変更するに伴い、公文書を管理する機能と、社会教育課の文化財保護係を兼務するように組織の改正が行われた。

　とくに、公文書を管理することについては、町誌編纂事業の延長線上に同館ができた経緯を踏まえると、自然な流れだといえる。合併以前の公文書などが未整理のままになっていたことが課題であったのに加え、2009（平21）年には公文書管理法が成立し、群馬県立文書館の「群馬県行政文書」が重要文化財に指定された経緯もある。地元選出の小渕優子衆議院議員が公文書管理の担当相であったことなどの政治的な背景もあり、町は職員、収蔵施設、公開方法などの条件を整えた上で、同館の条例に公文書館法の規定を追加することにより、2011（平23）年4月から公文書館機能をもつ博物館として、再スタートすることになった（福田 2013）。

　日本経済新聞社の文化部編集委員であった松岡資明氏によれば、公文書を管理する意義は、公文書管理法第1条にもあるように、「行政が適切かつ効率的に運用されるようにするとともに現在及び将来の国民に説明する責務が全うされる」ことばかりでなく、日本人がこれまであまり好まなかった実証的な思考法が、これを契機に身近になる可能性があるという。自らの頭で物事を考えずに長いものに巻かれるのではなく、自らが証拠をもとにして、歴史を検証していくことである。そのためには、証拠となる記録資料である公文書が資料となり、証拠に基づく科学的な分析を人文科学でも発想としてもつことが必要であ

る（松岡 2011）。

　筆者の地元の野田市でも、1950（昭25）年に旧野田町と周辺の三つの村が合併し、1957（昭32）年にさらに2村を編入している。だが、旧村によっては大半の公文書が合併前に廃棄されて残されていない。全国各地の自治体でも、昭和の合併以前の旧町村の公文書は大部分が廃棄されてしまった。そのために、今では当時の合併の経緯を知ることができないし、当時の村の行政や生活、産業などについて知るための手がかりはほとんど残されていないのが実情である。

　同館では、役所の文書管理の主管課である総務課が協力する体制のもとに、公文書の整理作業が行われている。その成果を公開するために、企画展「地方制度の変遷と中之条町」（2016年10月〜11月）が開催されるなど、順次公開している。これらは、明治時代以降の町村の変遷について記録資料をもとに検証することができることを披露する機会になる。一方、博物館資料とあわせて公文書の公開要綱を検討することや、書庫の整備が課題になっている（田村・須崎 2016）。

　同館のような小規模な町立館であっても、博物館の資料とともに、記録資料を保管、整理していくことができれば、地域の歴史や文化を記憶する装置として定着させていくことができる。博物館は規模の大小に優劣があるのではなく、「何を目指すのか」が大事であることを改めて示している。

4　利用者への配慮

　同館は、広報に積極的に取り組むとともに、利用者へのサービスにも配慮している。町内各地に、博物館のポスターがはられ、旅館や農協の販売所、商店などが協力している。ポスターのデザインは、木造校舎時代の教室の展示写真が使われてレトロな雰囲気になっており、「ちょっと行ってみたい」という気持ちを抱かせる。

　また、利用者へのサービスについては、セット券を配布するような工夫もしている。入館料（200円）、音声ガイド（100円）、コーヒー（200円）をセットにして300円で提供する「博物館セット割引券」（2万枚発行）を町内や近隣町村の観光施設などに配布した。2014（平26）年度の割引券利用枚数は977枚（利

用率4.9%）ではあったが、職員の努力を認めることができる。

　施設面では、新館にエレベーターを備えたので、身体が不自由な高齢者など
でも木造校舎の２階にもスムーズに移動することができる。トイレも現代的な
清潔感のあるものに替えるなど、利用者にとって利便性が向上する取り組みが
行われている。

5　その評価

　これまでの歴代の町長は、同館の設立と施設の充実化に前向きに対応してき
たという。そもそも、小学校は、当時の町の人々からの浄財を集めて建設した
そうである。経済力に負うところもあるだろうが、町民が学校教育の施設整備
に熱心であったことの表れでもある。

　博物館に隣接したところに、町が直営している、ふるさと交流センター「つ
むじ」がある。2007（平19）年からはじめられた。「道の駅」のような地元の
物産販売や飲食ばかりでなく、地域の人達の日常的な交流拠点にもなっている。
テナントの店舗（カフェ、パン屋、居酒屋、雑貨店など）、足湯、観光案内所、
子ども達の遊び場、集いの場のほかに、芝生広場はイベント会場にもなる。博
物館とのアクセスが良いことから、よりスムーズに誘導できるような連携をは
かれると良いだろう。

　本章で述べたように、公立博物館の直営館のなかには、単に施設や設備をリ
ニューアルするだけでなく、社会や時代の変化に応じて、博物館の基本方針を
見直して事業の改善を行い成果をあげているところがあることを確認すること
ができた。

　最近、大阪府堺市では、博物館を市政の重点政策の一つに位置づけ、博物館
の活性化策を検討している。1980（昭55）年に開館した堺市博物館には、設立
にあたって、市民から10億円以上の寄付が集まったという。当時の「公立博物
館の設置基準」によれば、市立館は延べ床面積2,000㎡以上が基準であったが、
それを上回る6,000㎡以上の規模をもつ博物館をつくることができたそうであ
る。

　竹山修身市長は、堺市を文化都市にするために、博物館を中核拠点にする必

要があると考えて、「子育て」や「教育」などと共に、「歴史文化」も主要な政策の柱の一つにしている。そのため、市長が「博物館再生活性化戦略会議」を招集して、博物館を活性化する施策に取り組んでいるのである。会議には、副市長や関係する部局(学校教育・広報・公園緑地・文化観光・文化・商工労働)の局長・部長が参加する。役所の縦割り組織の弊害を除去するために、部局を超えた横断的な体制で取り組んでいる。筆者も、2016(平28)年2月に戦略会議に招待されて、「NPOと市民との連携」について報告したところである(堺市ホームページ)。

　一方、平成の大合併により、公立博物館の統廃合や再編が進んでいることも事実である。それぞれの自治体の方針や財政状況などに応じて、その対応は一律ではないが、このようななかで、自治体は博物館をどのように取り扱っているのだろうか。次章では、その具体的な状況をみていくことにしたい。

第3章　市町村合併と博物館の再編

1．平成の大合併と市町村立博物館

　平成の大合併により全国の市町村数は、3,212（2002年度）から1,777（2008年度）に統廃合された。公立博物館の設置者も変更されることになり、町村立の博物館数は1,862館（2002年度）から1,025館（2008年度）に減り、市立館は1,520館（2002年度）から2,714館（2008年度）に増えた。

　各地の自治体にとって、行財政改革は緊急の課題となっている。事業の仕分けは、その代表的なものである。合併以前に自治体が運営していた老人ホーム、保育園、体育館、図書館などの公共施設の事業や、運営形態などが見直されることになった。当然、博物館も同じように再検討の俎上にのせられた。合併後に影響を受けた事例は、旧町村の資料館のように小規模なものが多い。

　図37に示すように、歴史系博物館は2002（平14）年までの市町村の博物館数の割合はほぼ横ばいであったが、2005（平17）年以降になると合併後に旧町村の博物館が新しい市に組み込まれていく様子を知ることができる。

　筆者の調査によれば、これまでに合併した全国の市町村立の博物館の状況は、次のようになっている。

- ・合併前の旧市町村館を中核的な館に統合する。
- ・合併前の旧市町村館を再編して、継続する館と廃

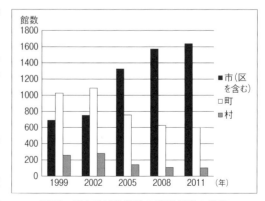

図37　歴史系博物館数の設置者別の推移

止する館（収蔵庫に転用する場合もある）に仕分ける。

・合併後も、基本的に旧市町村の館を維持する。

以上、３つのパターンになるが、運営形態をみると合併前後に指定管理者制度を導入したところもある。次に、その具体的な事例をみることにする。

２．旧市町村館を中核施設に統合する
―秋田県大仙市のくらしの歴史館―

秋田県大仙市は、2005（平17）年３月に秋田県大曲仙北地域の旧大曲市が母体になり、１市６町１村（大曲市、神岡町、西仙北町、中仙町、協和町、仙北町、太田町、南外村）が合併して誕生した。人口８万7,624人（2014年２月末現在）となり、秋田県内では秋田市、横手市に次いで３番目の人口規模となった（平成27年国勢調査）。

くらしの歴史館（大仙市総合民俗資料交流館）は、2008（平20）年に閉校した旧小学校の校舎を活用して2012（平24）年４月に開館した。合併前に閉鎖したままになっていた民俗資料館や収蔵庫など７つの施設に収蔵されていたコレクションを集約して保管・公開することにした。

１　合併前の状況

旧市町村にはそれぞれ民俗資料館などがあり、昭和40年代～50年代に収集した歴史・民俗資料を収蔵・展示していた。例えば、大曲民俗資料館の民俗資料は、公民館が中心となり、多くの地元住民が協力して集めたものである。1973（昭48）年に公開した当時は地域内外から多数の人達が見学に訪れたが、30年後の来館者数は年間500人ほどに減った。払田柵跡出土品収蔵庫は、展示施設であったが、やはり入館者の減少や老朽化などのために閉館して収蔵施設となっていた。他館もほとんどは閉館して収蔵庫に転用されていた。

そこで、大仙市は合併を契機にして、新たに資料館を整備することにより、各施設に収蔵したままになっていた資料を集めて、コレクションの活用をはかることに着手したのである。

2 資料館を再編した経緯

2006（平18）年、文化財保護課は小学校の統廃合が計画されていたことを受けて、廃校が予定されていた小学校を資料館として活用することにした。文化財保護課の職員によれば、そのための具体的な手続きとして、まず各地の住民の合意をとり、市の文化財保護協議会や各地の文化財保護協会の人たちに資料館を廃止することについて、事前に説明をして了承を得ることからはじめたという。

3 コレクションを再整理する

大仙市は、国の「ふるさと雇用再生基金事業」補助金を活用して、3年にわたり臨時職員を雇用して、各館が保有するコレクションを整理することにした。各館の収蔵資料を集めて、クリーニング・選別・登録作業を進めたが、館ごとに資料台帳の書式や項目が異なっていたことから、分類や登録の項目を統一した上で、改めて資料を点検して再登録した。

また、資料として「残すもの」と「処分するもの」の選別も行った。その基準は、著しく破損しているものや、類似品については、一定数を残して処分する。しかし、傷みのひどいものでも、保存する価値のあると認められるものは処分の対象から除外した。市内の文化財保護協会の人達に事前説明をした上で、処分するものについては了解を得て行われたという。その結果、約4,000点を台帳に再登録し、1,300点を処分した。

4 コレクションを活かした展示をつくる

くらしの歴史館では、民俗資料を公開し地域の交流拠点にすることを基本的なコンセプトにしている。

館内のレイアウトや展示は職員の手づくりによるもので、文化財保護課の中堅職員が率先して行ったという。必ずしもデザイン性に優れているとはいえないが、利用者の視点に立った展示になるように配慮している。1947（昭22）年に建造された馬船（写真17）は雄物川の渡し船に使われていたもので、地元住民たちにとっては思い出深いものである。旧大曲民俗資料館を閉鎖した後、住民たちは目にすることができなくなっていたが、再びみることができるように

なった。収蔵するコレクションは、旧教室を収蔵スペースにあてて、ガラス越しに内部の様子をみることができる「保管展示」をしている（写真18）。

　また、利用者に対するサービスにも配慮している。旧保健室を談話室にして、一部のスペースを使いおむつ交換や授乳ができる。小学校当時のトイレを一部残して子ども用にする。受付に置かれたチラシによると、〈全館写真撮影OK〉となっており、全ての展示資料を自由に撮影できることなどがあげられる。

5　コレクションの利用価値を高める

　大仙市の事例は、旧市町村の収蔵庫となっていた複数の資料館を一つに集約し、資料を再整理するとともに、地域の文化的な拠点施設となるように資料館の再生をはかったものである。単に経費削減のために統廃合したものではなく、コレクションの利用価値を高めるために再編した。その結果、利用者数は初年度に約7,000人、2年目も6,000人となった。さらに施設の改修や、他の施設も統合することを予定している。これまでの経過と今後の計画を整理すると図38のようになる。

写真17　渡し船であった馬船

写真18　保管展示の様子

　以上、大仙市による文化施設の再編プロセスをふり返ると、施設の廃館や資料の処分については、地元の人たちや関係者、団体に事前の説明を十分行い、理解や協力を得ていることは適切な手続きである。そして資料整理を経て、展示を行い、さらに公共施設

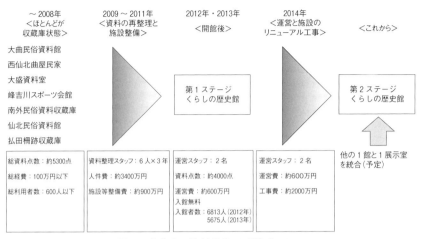

図38　大仙市の資料館等の再編プロセス

として快適で安全な環境整備にも取り組んでいる。

　今後、地域の拠点としてゆくための留意点としては、住民参加の企画や事業を実施していくことが求められる。また、コレクションをうまく活用することにより、同館の特色をさらに活かすことができると考えられる。

　現地調査した時点では、スタッフは２人（臨時職員）しかおらず、人員体制が脆弱であった。収集する資料の整理や登録作業のほかに、来館者の対応、施設内の点検、展示の手直しなど、さまざまな業務がある。展示は文化財保護課の職員が担当しているが、運営を安定化させていくために、人員体制の整備をはかることが課題である。

3．公開施設と収蔵施設に仕分ける―山梨県北杜市の資料館再編―

1　資料館を再編した経緯

　山梨県北杜市は、2004（平16）年11月に４町３村（須玉町、高根町、長坂町、白州町、明野村、大泉村、武川村）が合併し北杜市となった。さらに、2006（平18）年３月に小淵沢町と合併した。人口は４万8,878人（2013年11月現在）。

　同市には、合併以前に旧町村が設置した10館の資料館があり、合併後も継続

140 第Ⅱ部　直営博物館の現状と課題・展望

して運営していた。しかし、市は2011（平23）年4月にその体制を見直して、展示公開施設を5館、収蔵施設を4館に再編した（図39）。

筆者は、2011（平23）年12月と2013（平25）年10月の2度にわたり現地を訪ねて、それぞれの関係者から話を聞くことができた。

同市の再編は、決して地元住民を無視して強制的に実施したものではなく、旧町村ごとに資料館の存続について意見聴取を行った上で実施したものである。一部の地域を除いて、住民から存続の要望は出されなかったという。その結果を受けて、市は資料館の統廃合を行った。

一方、同じ時期に、市は図書館についても再編する方針を打ち出したところ、各地域から存続を要望する声が寄せられたので、市はそれを受け入れて全ての図書館を継続することにした。結局、地域住民からの要望の有無が、各地の資料館の存続を左右することになった。

2　合併前後の状況

図39は合併前の各町村の資料館の分布と、合併後に再編した資料館と収蔵施設の分布を示している。生活圏は市域のほぼ中央部で周辺は山間部となっていることから、各施設は市域のほぼ中央部に位置している。

表3は、合併前と合併後の各施設の状況と、さらに再編後の状況を整理したものである。開館した時期をみると、大泉歴史民俗資料館が1985（昭60）年、谷戸城ふるさと歴史館は合併と同じ2004（平16）年に開館している。合併後の再編により多くは館名を変更した。

北杜市郷土資料館、同考古資料館、高根郷土資料館・浅川伯教・巧兄弟資料館（以下、浅川資料館と略す）は合併前から地元の教育委員会が運営し、合併後も北杜市教育委員会が引き続き運営していた。須玉歴史資料館については、地元から資料館を継続したいという要望があったことから、2006（平18）4月より指定管理者制度を導入して津金学校と名称を変更し、地元のNPOが運営している。明野歴史民俗資料館は、合併前に旧明野村が指定管理者制度を導入して合併後も継続していたが、2011（平23）年の再編によって収蔵庫に転用することになった。

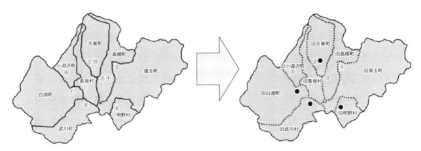

①長坂郷土資料館、②谷戸城ふるさと歴史館、③浅川伯教・巧兄弟資料館、④高根郷土資料館、⑤須玉歴史資料館、⑥小淵沢郷土資料館、⑦白州郷土資料展示室、⑧武川民俗資料館、⑨明野歴史民俗資料館、⑩大泉歴史民俗資料館

①北杜市郷土資料館(本館)、②北杜市考古資料館、③浅川伯教・巧兄弟資料館、④津金学校、⑤平田家住宅、●収蔵庫

図39　合併前後の資料館の分布

3　なんのための再編なのか

　北杜市は、2011(平23)年に資料館の再編を実施した。合併以前の資料館のなかには、利用者が少なかったために、そのまま継続することを断念した。

　市は、各館の性格や特性を踏まえて資料館を選別して、本館が分館を統括するように再配置し、機能的な運営ができるような計画を作成した。学芸員によれば、機能不全になっている資料館を収蔵施設にし、館種の重複を避けて集中化させたという。さらに本館と分館の役割分担をはかり、資料館全体の機能を高めることを目的にした。

　具体的には、北杜市郷土資料館を本館とし、考古資料館、浅川資料館(高根郷土資料館を含む)、津金学校、平田家住宅を分館にした。一方、再編以前の2005(平17)年から2007(平19)年の大泉歴史民俗資料館、武川民俗資料館、白州郷土資料展示室は利用者数の低迷が顕著となっており、小淵沢郷土資料館も2007(平19)年から2010(平22)年は年間1,000人ほどの入館者数で推移していた。いずれも資料館といっても、実際は収蔵品を保管するような施設になっていた。そのため、小淵沢郷土資料館に付設する平田家住宅を除き、これらの資料館を収蔵施設に転用することにした。

142　第Ⅱ部　直営博物館の現状と課題・展望

表3　北杜市の資料館一覧（2011年4月現在：北杜市教育委員会提供）

再編前の館名	長坂郷土資料館	谷戸城ふるさと歴史館	高根郷土資料館	浅川伯教・巧兄弟資料館	須玉歴史資料館
再編後の館名	北杜市郷土資料館	北杜市考古資料館	浅川伯教・巧兄弟資料館		津金学校
開館年	1995年6月 2004年移転新築	2004年10月	2001年8月		1992年3月
合併前 （～2004年）	・「郷土資料館」のほかに、「ふるさと学習館」（体育館施設／情報室／調理室）、「都市農村交流センター」（野菜直売所／埋蔵文化財整理室／資料収蔵室）を同年設置		・高根町生涯学習センターとの複合施股 ・教育委員会が運営	・高根町生涯学習センターとの複合施設 ・「浅川兄弟を偲ぶ会」と「生涯学習センター（図書館）」が運営	・旧津金学校明治校舎（1875年開校）の2F部分を資料館として開館 ・1階部分は埋蔵文化財整理室と「NPO法人文化資源活用協会」の事務所として使用
合併後 （2004～2011年）	・3施設を総称して「長坂郷土資料館」とし、現在に至る	・2007年4月、谷戸城ガイダンス部分を開館 ・同年8月より、北杜市の考古部門展示を開設	・合併後の2007年まで、合併前の運営形態を継続 ・2008年4月より、たかね図書館と「浅川兄弟を偲ぶ会」を離れ、教育委員会が運営		・2006年4月より指定管理者制度を導入し、管理運営を「NPO法人文化資源活用協会」に委託
延床面積	2653㎡（本館：1268㎡、ふるさと館：726㎡、センター：659㎡）	1231㎡	1248㎡（複合施設）		518㎡（2階展示室：244㎡、1階事務・作業室：274㎡）
			144㎡	180㎡	

4　再編のための準備

資料館の再編は、次のような準備を経て実施された。

①まずは、再編計画が示される前の2005（平17）年から、各館の収蔵資料の調査・整理がはじめられた。対象となったのは主に民俗資料であるが、その数は約1万点にのぼった。コレクションの登録項目は館ごとに異なっていたために、登録上の分類基準を統一して資料を再整理した。整理後、それぞれの資料館や収蔵施設に保管するようにした。

②合併後に本庁の組織機構の見直しが行われた。教育委員会の内部組織も変更された。図40のように従来の生涯学習課とは別に、学術課を新たに設置して、同課が資料館担当と文化財担当を所管する。資料館担当の部署を設置したことにより、全ての資料館を一つの機構として管理し、相互の意思疎通をはかることができるようにした。

小淵沢郷土資料館 平田家住宅	明野歴史民俗資料館 （収蔵施設）	大泉歴史民俗資料館 （収蔵施設）	武川民俗資料館 （収蔵施設）	白州郷土資料展示室 （収蔵施設）
1981年 1992年重文「旧平田家住宅」移築復元	2003年1月	1985年11月	1983年4月	2003年7月
・「自然環境活用施設整備事業」「郷土文化伝承保存施設」としての補助を受け、民具資料活用と文化の伝承のために設置 ・1992年、資料館隣接地に国指定重要文化財「旧平田家住宅」を移築復元	・茅ヶ嶺郷土館（1988年開館）を改修し、明野村埋蔵文化財センターと隣接して開館 ・2004年10月、指定管理者制度を導入し、明野村埋蔵文化財センターとともに、管理運営を「NPO法人茅ヶ岳歴史文化研究所」へ委託	・史跡金生遺跡の出土品を中心とした考古資料と、民具の展示を目的に、大泉村総合会館に併設して設置	・武川村内の歴史、民俗資料を収集・保管し、展示 ・「高齢者活動センター」を併設 ・屋外展示場を増築。 ・2001年、常設展示をリニューアル	・はくしゅう館開館とともに開室
・郷土資料館に「旧平田家住宅」を付加し、郷土資料館として運営	・2004年11月、北杜市埋蔵文化財センターに改称した明野村埋蔵文化財センターとともに、現在に至る	・2007年8月、谷戸城ふるさと歴史館に展示資料を移動 ・2007年11月より第2次収蔵資料調査整理事業のため休館	・2007年3月まで埋蔵文化財整理室として兼用 ・2007年8月より第2次収蔵資料調査整理事業のため休館し、現在に至る	・合併前と同形態で現在に至る
795㎡	1343㎡（資料館：491㎡、埋文センター：852㎡）	472㎡（資料館部分）	資料館：201㎡ 屋外展示場：38㎡	展示室：150㎡ 収蔵スペース：30㎡

③資料館担当の郷土資料館が本館機能を担い、自館の運営とともに分館や収蔵施設の維持管理を行う。津金学校は指定管理者の NPO が運営するが、本館はその管理責任者にもなる。

④本館に館長を配置し、全ての資料館を統括する。

5　再編後の状況

①利用者数の推移

　まず、再編後の利用者数の状況をみると、NPO が運営する津金学校は最も利用者数が多い。同館は2006（平18）年から NPO が運営をはじめて利用者数が増加しており、再編後も1万人前後の利用者数を維持している。

　浅川資料館は、再編後の2012（平24）年に利用者数が急増している。当時、浅川兄弟を題材にした映画『白磁の人』が全国上映された影響によるものと思

144　第Ⅱ部　直営博物館の現状と課題・展望

われる。

　また、平野家住宅も着実に利用者数が増えている。ここは地元のシルバー人材センターから派遣された人たちが管理をしている。職員の接遇サービスはよく、清掃もいきとどいている。JR小淵沢駅から徒歩10分程度と近いことから、駅前の観光案内所と連携して、利用者の誘導をはかっている。

　それに比べて、本館の郷土資料館は再編後も変化せず、6,000人～8,000人の幅で推移し、考古資料館は再編後に急減している。同館は再編後に入館料を有料にしている。しかし、他館も有料であることを考えると、そのことだけが理由だとはいえそうもない。

②人員配置

　次に、再編後の人員配置についてみることにする。当初は本館に館長を置き資料館全体を統括することになっていたが、現状は学術課長が兼務している。

　また、学芸員（正規職員）は郷土資料館に2人いたが、再編直後は同館と浅川資料館に1人ずつ分けて配置され、本館に嘱託の学芸員が1人いる。事務職員も少なく、正規職員は1人でそれに臨時職員が数人いる。

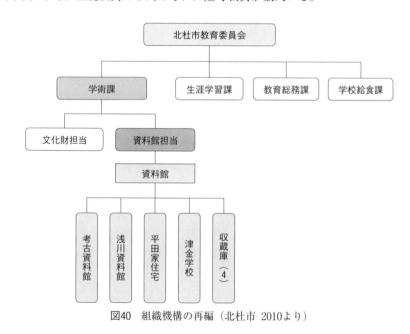

図40　組織機構の再編（北杜市　2010より）

③コレクションの再移動

　再整理した約１万点のコレクションは、先述したように再編後に４つの収蔵施設で保管されていたが、２年後に２施設が使用できなくなる事態が生じた。その理由は、旧白州町からは施設を別の用途に使用したい、旧武川村からは施設を取り壊したいという意向が出されたことによる。そのため、両収蔵施設の民具コレクションを本館や旧小淵沢資料館の収蔵施設などに移動したことにより、収蔵施設は許容量を超えて満杯状態になっている。

6　課　題

　北杜市の資料館再編後の状況から浮かび上がる課題を整理してみることにする。

　まず、資料館再編の効果を住民の目にみえるように発信することである。わかりやすくいえば、誰がみても再編してから資料館が良くなったと思えるようにすることである。例えば、これまでの郷土資料館の事業を見直すことも考えられる。本館や考古資料館のように直営館の利用者数が増加していないのは、再編以前と比べて目にみえる形で変化していないからではないだろうか。

　次に、コレクションの保管体制や環境を安定的に維持することである。当初は４つの収蔵施設に再編されたが、その後に２つが廃止されてしまった。現状の収蔵施設の飽和状況を改善して、他の収蔵施設などで適切に保管することである。

　また、再編時に計画したように、本館に館長をおき全体を統括するという、ガバナンスの体制を整備することである。現状のように学術課長が兼務していては、資料館の日常業務や改善活動などのきめ細かい対応をすることができない。責任者である館長は組織の束ね役として欠かせない存在である。学芸員などの人員体制が脆弱であることも課題であろう。

7　地域の実情にあわせた資料館の運営

　各館の利用者数の推移をみると、資料館がどのように活かされているのかを、ある程度は知ることができる。そのことから、地域の実情にあった資料館の運営を考えるヒントがみえてくるのではないだろうか。

写真19　津金学校の外観

写真20　津金一日学校の様子

　その好例が津金学校である。津金学校は、1875（明8）年に建てられた木造洋風建築の校舎で山梨県指定文化財にもなっている（写真19）。合併前の旧須玉町時代には、資料館のほかに埋蔵文化財の事務室にもあてていた。北杜市としては、合併後は市が文化財として保存管理することを考えていたそうである。

　しかし、地元が資料館の存続を要望し、市が指定管理者制度を採用することにしたところ、地元のNPOが公募に応募して選定された。2000（平12）年に設立された文化資源活用協会というNPO法人で、地元の郵便局長を務めていた人が理事長である。NPOは地域の文化財を取り入れた教育事業をするが、津金学校の運営はその中核的な事業となっている。

　同館は地元住民が運営する地域に密着した活動をしている。理事長によれば、津金学校を文化財として保存公開するだけでなく、地域の人々の交流の場所にすることを目標

にしているという。

　筆者は数回訪れたが、館内の1階には、ショップのスペースを取り、さらに「明治カフェ」と呼ばれる心地よい雰囲気のカフェがある。ここは地域の人達にとっても日常的な交流スペースになっている。2階には、津金学校の歴史に関する資料や地域の歴史・生活資料、当時の教室を公開している。

　2011（平23）年8月21日、津金学校は民間企業からの助成金を得て、「津金一日学校」を開いた（写真20）。メッセージは、「こどもたちとちょっと風変わりな先生たち。津金学校135年目の一日だけの登校日」というものである。

　地域の子ども達が学校で1日授業を受ける。当日は書家、登山家、ダンサー達が先生として招かれ、授業を1時間ずつ担当した。普段の学校の授業では経験できない授業を受けて、子どもたちは大喜びであった。昼は地元の食材で作った給食も用意され、校舎内は一日中、活気に溢れていた。その後も、津金一日学校は2014（平26）年まで4年間続けられた。

　以上、津金学校の事例からわかるように、地域の人達が資料館の存続を要望し、それを維持していくために知恵を出して行動をおこすことができれば、地域のために資料館を有効に活かすことができるのである。

　このような事例に似たものとして、島根県の松江市では合併後に旧町村の資料館を廃止しようとした行政に対して、各地の人々が存続運動をしたことにより、資料館を存続させる方向にもっていくことができた。次はそのことを紹介することにしたい。

4．住民による存続運動―島根県松江市の3つの資料館―

1　旧町村の3資料館とは

　松江市は、2005（平17）年3月31日、旧松江市を母体に鹿島町、島根町、美保関町、玉湯町、宍道町、八束町、八雲村の1市6町1村が合併して人口20万7,682人（平成22年国勢調査）の都市となった。合併前の松江市以外の旧町村には3つの資料館があった。現在の松江市立出雲玉作資料館、松江市鹿島歴史民俗資料館、八雲郷土文化保存伝習施設である。まずは、3館の概要を述べる。

　①出雲玉作資料館

148　第Ⅱ部　直営博物館の現状と課題・展望

　1977（昭52）年、旧玉湯町（人口6,114人：平成12年国勢調査）が町立出雲玉作資料館を開館した。この地域では、大正時代から京都大学や國學院大學などによる玉作遺跡の学術調査が行われた。資料館は、全国でも珍しい古代の玉作りを取り扱う。古墳～平安時代の玉作の工房跡や、出土した勾玉、未製品、製造工具などの発掘品を展示公開し、出雲玉作史跡公園のガイダンス施設にもなっている。勾玉関連資料は、学術資料として貴重なことから国の重要文化財に指定されている。

　出雲玉作資料館と隣接する玉作湯神社も、玉作遺跡（国史跡）から出土した資料を保管している。神社の敷地は遺跡の一部になっており、同社の出土品収蔵庫（1960年建設）には歴代宮司が明治時代から収集した玉作資料を保管しているが、それらも国の重要文化財になっている。

　②鹿島歴史民俗資料館

　1987（昭62）年、旧鹿島町（人口約8,414人：平成12年国勢調査）が町立資料館を開館した。同館は日本海沿岸の希少な貝塚の出土品や貝層標本、魯迅に師事した中国文学者の増田渉に関するコレクションなどを保有している。また隣接する佐太神社の神能（神楽）は、2011（平23）年にユネスコ無形文化遺産に登録されており、神社からの寄託品（県指定文化財や佐太神能に関する資料など）を保管・公開する宝物館機能をもちあわせている。

　③八雲郷土文化保存伝習施設

　旧八雲村（人口6,844人：平成12年国勢調査）が1984（昭59）年に開館した。それ以前に小学校・公民館・民俗展示場（1977年開館）があったが、火災焼失後に再建したのが現在の建物である。小学校を除く2つの施設の機能をあわせ、資料館のほかに公民館機能を兼ねている。主要なコレクションは、約9,000点にのぼる地元の民俗資料である。なかでも木地師の関連用具は、松江市指定文化財になっている。別棟の保管施設には民具が種類ごとに整然と分類・配架されている。申請があれば、希望者には随時公開している。

　館長によれば、2000（平12）年から村内の民具を収集するために、村役場の学芸員が中心になり、村内全域の民俗資料を収集する実行委員会を組織したそうである。実行委員会は各地区から選出された人達から成り、民具の収集、整理、保管業務を担った。役場と地域の人々が協働して、捨てられる運命にあっ

た民具を救ったのである。

八雲郷土文化保存伝習施設も、やはり熊野大社という神社の敷地の一部に立地する。同社は、『日本書紀』や『出雲國風土記』などに登場するような由緒ある神社であり、企画展では宝物を借用して公開したこともある。

2　合併により資料館はどのように変化したか

合併前後の主要な変化は、次の通りである。

①職員数と業務の内容が変わった

出雲玉作資料館と鹿島歴史民俗資料館には、役場の正規職員が配置されていた。しかし、合併後には正規職員を本庁に異動させて、地元住民が嘱託や臨時職員となり運営管理するようになった。両館とも合併前には、正規職員が資料館運営のほかに、埋蔵文化財や文化財行政を担当していたが、合併によって両者の機能を本庁に集約させ、代わりに非正規職員が資料館を運営するようになった。

②予算が減額された

3つの資料館の合併前の予算額は不明であるが、ヒアリング調査によれば、3館とも減額したそうである。出雲玉作資料館や鹿島歴史民俗資料館は、合併前には事業費（展覧会、ポスターなどの印刷代など）がついていたが、合併後はほとんどなくなった。予算の大部分は、運営・管理と臨時職員の人件費にあてられており、施設を管理するための必要最低限の状況となっている。

③組織が松江市文化財課に集約された

合併前は、旧町の教育委員会や村役場の総務課が所管していたが、合併後は3館とも教育委員会の文化財課に属するようになった。しかし、同課が運営方針を示すことや、各館の利用条件を整備することもなく、職員の変更や予算の削減以外は合併以前のままとなっていた。

3　資料館の「休館通告」に住民はどのように行動したのか

市役所は合併後に旧町村時代の文化施設をそのまま維持することで様子をみていた。ところが、2011（平23）年10月、市は資料館の休館案を提案した。それに続き、11月に市の行財政改革推進委員会での審議の結果、3館を休館する

150　第Ⅱ部　直営博物館の現状と課題・展望

方針が示された。市役所は同委員会からの報告を受けて、1年かけて結論を出すことになった。

　このような市役所の動きに対して、地元から反対の声があがり、市民団体から市長に存続の要望書が届けられた。その経緯の概要は、次の通りである。

　まず旧玉湯町では、同年12月に出雲玉作資料館友の会（会員53人）が鹿島歴史民俗資料館と出雲玉作資料館の展示継続を求める陳情書を市長に提出した。田和山サポートクラブ（会員58人）も同じように提出している。2012（平24）年7月には出雲玉作資料館地域運営協議会が発足し、翌年3月には「花仙山めのうウォーキング大会」（参加者220人）を実施するなど、地域の文化資源に改めて着目するような活動をしている。

　旧鹿島町では、地元の人達が資料館の活性化に向けた「かしまの歴史・文化を学ぶ会」を発足させた。旧八雲村でも、地元の人々が八雲郷土文化保存伝習施設を存続させる支援活動をはじめた。住民達は、地元の地域振興団体が実施するイベントツアーのルートに同館を組み込み、熊野大社の祭礼日には同館を会場にして「おもてなし会」を開くなどして利用者増をはかった。

　一方、資料館にも変化があらわれた。出雲玉作資料館では、合併後は予算不足のために実施していなかった企画展や特別展を実施するようにした。また、八雲郷土文化保存伝習施設でも、2009（平21）年から年1回企画展を実施していたが、休館問題が出てからは年2回以上開催するようにして集客をはかるようになった。

　各館の入館者数が増加するようになったのは、職員自らが展覧会などの事業に積極的に取り組むとともに地元の人々の支援にもよる。以前にも増して、地元が資料館運営に主体的に取り組むようになったのである。

4　入館者数が増加する

　次に、2000（平12）年以降の入館者数の推移をみることにする（図41）。

　出雲玉作資料館は最盛期に比べて入館者数が減少していたが、2012（平24）年度に急増した。その理由は、「休館問題」が発生してから、地元の人々が結成した地域運営協議会が同館を会場にして「趣味の会」という展示会を実施したことによる。また、館長が小学校などで行う出張講座の受講者数をカウント

するようにしたことも影響している。

鹿島歴史民俗資料館は、2009（平21）年までは毎年1,000人前後で推移していたが、2012（平24）年には入館者数が増加している。

また、八雲郷土文化保存伝習施設の展示室の入館者は2006（平18）年、合併にあわせて入館を有料にしたことで

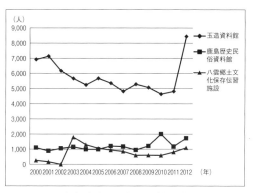

図41　合併前後の3館の入館者数の変化

入館者数が減少していたが、2012（平24）年から少しずつ増加している。

5　休館問題から得られたことは何か

松江市は3館を休館することを計画していたが、こうした各地の動きを考慮した結果、休館案を一旦見直し、今後検討することにした。

今回の休館問題を振り返ると、市町村合併後の文化施設のあり方を考える上で、次の3点を成果としてあげることができる。

①資料館に携わる人達が意識を変えて自助努力をした

まずは、資料館を運営する人達が、合併後の受動的な運営のあり方から、積極的な運営に移行したことである。市から提示された休館案に危機感をもち、予算が限られているなかで自助努力し、展覧会を実施することなどにより活性化をはかった。

②地元の人々が資料館を存続させるために結束して行動した

各地域の資料館が無くなることに、地元の人達が危機感をもち、自分達にできる支援活動をしたことである。それは資料館が地元に密着していたからであろう。市長に存続の要望書を提出したことや、支援組織を立ち上げて資料館を守ろうとしたことは注目される。

③市が地元の意向に配慮して休館を回避した

市には、行財政改革を推進しなければならない事情がある。しかし、地元の

意向を無視して強引に休館にすることがあってはならない。今回、休館を回避したことは、市にとっても地元の意向を知る良い機会になったはずである。

　以上、松江市の旧町村の人々による資料館の存続運動については、今後の動向が注目される。地方自治は、住民の意向を無視した独断行動であってはならない。今後、市側と地元住民は両者の折りあいをつけるようにして資料館を運営してゆくのである。

　次章では、新館建設に対する住民のニーズを知るためにワークショップを開催した長野県松本市の事例と、合併後も旧市町村の博物館を存続させることにした新潟市の具体的な取り組みを取り上げることにする。

第４章　地域の活性化に向けた自治体と市民の取り組み

　本章は、これまでのような行政や専門家の主導による公立博物館づくりではなく、「住民が必要とする博物館とは何か」についてみることにしたい。長野県松本市と新潟県新潟市では、筆者がコーディネーターになり、住民や博物館職員、市役所職員を対象にしたワークショップを実施し、博物館の改善や見直しをする上での基礎資料づくりを行った。新潟市でのワークショップ作業で得られた情報は、その後のリニューアルでも活かすことができた。

1．松本市立博物館の住民ワークショップ

1　博物館の概要

　長野県松本市の松本市立博物館は、1906（明39）年に松本尋常高等小学校内に開館した「明治三十七、八年戦役紀念館」にはじまり、1948（昭23）年には山岳・民俗・考古・歴史・教育の５部門をもつ松本市立博物館となった。1968（昭43）年に財団法人日本民俗資料館として新たに開館した。1983（昭58）年に（財）松本市教育文化振興財団ができたことから、（財）日本民俗資料館を解散し、松本市教育文化振興財団の直轄施設（独立採算）となった。さらに、2005（平17）年に、松本市教育文化振興財団が施設と財団所有の資料などを松本市に寄附することにより、直営による松本市立博物館となった。同館は国宝松本城の敷地内に立地している。松本城とあわせて年間約60〜70万人台の来館者がある。

　松本市は、2000（平12）年に「松本まるごと博物館構想」を策定した。これは、市全域を屋根のない博物館としてとらえて、松本市立博物館を中核館にして、文化施設や文化遺産などのネットワーク化をはかり、博物館が「ひとづくり」や「まちづくり」に寄与する構想である（窪田 2016）。

　しかし、施設の老朽化が進んでいることなどから、松本市は新博物館の建設

154　第Ⅱ部　直営博物館の現状と課題・展望

を将来的に検討している。そのため、同館は住民を対象にしたワークショップ
を行い、新しい博物館に対する意見を聴取することにした。2007（平19）年2
月と5月の2日間、筆者がコーディネーターとなり、各々28人が参加するワー
クショップを実施した。

2　出された意見

　参加者の自己紹介は、表4の通りである。募集は、市広報誌などを通じて一
般公募したが、参加者には博物館友の会の会員や、基本構想の策定委員会に参
加する市民委員、市役所職員や学芸員も含まれている。参加者は3グループに
分かれ、それぞれのグループごとに、次のような設問について討議した。
　（1回目）
　①松本市立博物館は、あなたの生活のなかでどのような役割をはたしてきた
　　か？
　②生活や地域（市内、町内など）のなかで抱えている問題と、こうなれば良
　　いと思っていることは何か？
　③（その問題を）博物館が解決することができるか、できるならどのように
　　解決できると思うか？
　（2回目）
　④松本城は、市民のキャリアにとって、どのような存在か？
　⑤松本の文化資源は何か？　どのような展示があったら良いか？
　⑥新博物館で市民にできることは何か？
　その結果を、①〜⑥に対応するように整理すると、次の通りである。
　①この設問は、参加者がこれまでの博物館を、どのようにみてきたかを知ろ
うとするものである。まず、博物館を松本の歴史や文化についての知識や情報
を得る場所だと認識していることがわかった。そして博物館に対する負のイ
メージとして、「市民から遠い存在」「展示物に変化がない」「観光地化してお
り市民から乖離している」などの意見が出された。逆に好意的なイメージとし
ては、「収蔵品のレベルの高さに感心」「学芸員と話してみると意外に面白い」
「展示の手伝いをして面白かった」などのように、博物館への直接的な関わり
が良いイメージを与えていることもわかった。

第 4 章　地域の活性化に向けた自治体と市民の取り組み　*155*

表 4　ワークショップの参加者

年代・性別	自己紹介
70代男性	養子にきて（6 才の頃）開智小学校へ入学。
40代男性	自称松本大好きっ子です。松本の街が良い意味で栄えることを望みます。
70代男性	平凡なサラリーマン。現在は自称評論家。
40代女性	行政書士、一男の母。まちづくり、石垣鑑賞の愛好家。
70代男性	定年まで高校の教員。現在は地域の人として暮している。
30代男性	現在松本市役所勤務。以前に博物館にいたことあり。
60代男性	本年夏、高齢者の仲間入り。僅かな年金と僅かなアルバイト賃金で暮す。
40代男性	学芸員。
60代男性	画家、ギャラリー経営。
40代男性	松本に住むようになって14年目のサラリーマンです。
30代男性	自由業。趣味：鉄道模型など。
30代男性	会社員。以前博物館業務に携わる。
50代男性	住まいは安曇野市。仕事場は松本市内。
50代男性	飲食店経営。食材を通して村おこし中（王滝村）。信州スローフード協会、長野県民芸協会。
40代女性	松本市立博物館嘱託職員。松本在住41年　自称博物館大好き人間です。
40代男性	立地条件の悪い場所に建設された施設で、日々利用者減に悩める男です。
40代男性	博物館が職場となるかもしれない公務員。
60代男性	古本屋。これまでの人生、金もうけをしたという記憶がない。たぶんこれからも……。人との出会いが楽しい。
50代男性	松本の有形、無形の地域力をもっと有効に！
60代男性	会社人間から社会人間へ転換中。40年ぶりに帰松。
70代男性	松本の歴史に興味有り。長野市生まれ、小学生から松本に在住。
70代女性	松本をもっと知りたい。松本歴68年。
70代男性	自称サンデー毎日編集長。千葉生まれ。松本に50年以上在住。
50代男性	神戸生まれ。松本在住50年。
50代男性	平成 5 年から松本在住。
60代女性	松本に住んで43年くらい。
40代女性	松本に住んで 4 年 4 ヵ月。
60代男性	松本はいろいろな面で素晴らしい所で愛しています。昭和31年に初来松、25年間松本に住む。

参加者が博物館を「歴史や文化についての知識や情報を得るところ」とイメージしていることは、設置者側の方針と矛盾するものではない。

しかし、現実の博物館は日常生活からはかけ離れたものとなり、一部の参加者は博物館が観光目的になっていることに違和感をもっていることもわかった。現実の博物館は必ずしも彼らが望む姿ではないということである。

②この設問は次のような理由による。博物館が設立された1968（昭43）年当時と現在とでは地域コミュニティの状況が大きく変化している。設立当時は高度経済成長期の真っ只中で国民生活は繁栄を謳歌した時代だった。しかし、今日のように経済の低成長が長期化するなかで、地域コミュニティの人達はどのような問題に直面しているのだろうか。その現状を知ろうとするものである。

まずは、松本市のような人口約22.3万人（2009年10月現在）の地方の中核都市でも、中心市街地の空洞化が進み、街に活気がなくなっていることがあげられる。商店街に空き店舗や空きビルが多くなり、少子高齢化によって伝統行事の担い手も不足している。また映画館や書店などの文化娯楽の場が少なくなり街が寂しくなったともいう。個人生活の問題としては、安定した職業に就けない悩みや、農家の後継者不足などのような雇用問題に関するものがあった。

なかでも最大の問題は、地域コミュニティでの人間関係が希薄になっていることをあげることができる。具体的には、「地域の『親方』や『だんな』がいなくなった」「観光客や人に話しかけない」「ちょっと茶のみ話ができるコーナー的な場所が少なくなってきた」「昔を知っている人達がだんだんいなくなってきた」「お年寄りと子どもの知恵の相互交流の機会がない」「弱者が隔離され街中へ出ることができない」などが意見としてだされた。あとは車社会になった弊害として、子どもが外で遊ぶことが危険であるというものである。また市内に建設されるマンション（高層ビル）は景観を壊すという意見や、犯罪の増加を憂慮しているという意見もあった。

③この設問は、博物館が地域コミュニティの課題解決をはかろうとする姿勢に対する、人々の意見を聞こうとするものである。

最大の意見は、「市民が対話でき、夢と希望をもてる場所」にしようとするものである。別のグループは、「みんなの集まれる場所」「人が気軽に寄ったり集まったりできる場所」と表現するが、内容は同じである。具体的には、「デー

トに使える博物館」「市民の交流できる博物館」「高齢者も楽しく過ごせる場所」「親子で遊びに行ける場所」「皆の"知的お茶の間"博物館—寄り合い場所」「生活との密着度を高める」というものである。

それを実現するための意見としては、「市民の発表するコーナーをつくる」「"昔はこうだったね"と思い出せる程度の場所に特化」「現物・現地をみる」「体験する機会を与える」「記録・キオク→これから先につなげる方法」「市民のお宝発表会」「自身の生活は過去へ戻れなくても昔に戻れる空間を再現する」「市民生活への意見を広く募集し、検討・提案できる活動の拠点とする」「お年寄りの知恵の伝承」「小中学校への出前展示や歴史について高齢者の方々にお願いする」「伝統工芸の実演をする場所を提供してほしい」「展示方法の魅力アップ：昔の良かった話の聞き取りや昔の写真などを紹介し、これまで切り捨ててきた、いいことを見直す（歴史の再評価）」「車社会を考える展覧会を開催し、車の良い点や悪い点を明らかにして来館者に問いかける」「歴史を振り返ることで過去の誤りを発見し、修正する方法を考える博物館とする」「固定した博物館ではなく、出張展示などやレクチャーなども開催してほしい」「NPO、NGOとの連携」などである。このような多様な意見は、設問⑤と⑥に対する意見によってさらに具体化される。

また、地域コミュニティの個人に着目する意見も出された。「街の人の思い出も展示品」「人々の生活そのものが展示品」「人の経験や生き様が宝物」「お年寄りの知恵や生活観も立派な展示品」「古いものだけが展示品ではない！人の考え方が展示品でもいいのでは」「住んでいる人の未来の夢を展示する」というように個人史にも関心を示していることは興味深かった。

④この設問は、旧城下町に住む人々の生き方にとって、松本城がどのような意味をもっているのかを知ろうとするものである。実は、市側は松本城を市内で最大の観光資源と考えている。新館の建設計画においても、松本城をどのように位置づけるかがポイントの一つになると思われる。市側の考え方を検証する上でも参加者の意識を知ることは大切である。

参加者にとっての松本城は、まずは「思い出の場所」という意見が多い。子どもの頃や青春時代に天守閣にのぼったことや、敷地内の公園で遊んだこと、城を背景にして記念写真を撮ったこと、散歩コースであったことなど様々であ

る。松本城という存在は、個人の思い出の一コマになっていることがわかる。

　次に、松本に生まれ育った人達にとって、松本城は「誇り」となっている。それは「県外の知人に自慢できる」「来松した友人を最初に案内するところ」「学生時代に他県にいったとき、松本城を褒められて嬉しかった」などである。

　また、松本城が今日まで保存されてきた歴史についても評価している。明治新政府の方針によって全国の城郭が取り壊されるなかで、松本城は1872（明5）年に競売にかけられたが、地元有志の市川量造らがこれを買い取り保護した。さらに1901（明34）年に小林有也らが天守閣保存会を結成し、1936（昭11）年に国宝になった。参加者の意見は「市川量造がいなければ今のお城はなかった」「取り壊しから市民が守った」「よくぞ残してくれた。先人達に感謝」というものである。

　このように彼らの生き方にとって、松本城は「思い出の場所」「誇り」「保存した先人を評価する」の三つに大別することができる。市側が、松本城を観光資源とみなしていることについては、一つのグループ内の特定の人からは、観光客が来ることが自分の仕事と関わっているとして、「松本城を観光資源としてどう活かすかが松本市の最重要課題」とする意見があった。このように観光客を対象にした仕事をしている人達の意見と、先述した市側の考え方とは整合する。しかし、観光と直接の関係がない参加者からは松本城を観光地として売り込んでいくような意見を聞く事はできなかった。

　⑤この設問は、現状の博物館の展示にはない、参加者たちが把握している松本市の文化資源を知ろうとするものである。

　どのグループでも共通するものとしては、負の歴史遺産をきちっと見据えることが大事であるという意見であった。具体的には、「朝鮮人の強制労働」「貞享騒動（中萱嘉助の一揆）で城が傾いたこと」「松本空港は最後の特攻基地として作られた」「水争いの歴史」「清水にあった製糸会社からヘドロが流れた女鳥羽川の公害の歴史」「五十連隊の写真・思い出・手紙」などである。公立博物館は負の歴史遺産の取り扱いを避けることが多い。これらは、設問③に対する意見として出された「これまで切り捨ててきた、いいことを見直す（歴史の再評価）」や「歴史を振り返ることで過去の誤りを発見し、修正する方法を考える博物館とする」をさらに具体的に述べたものである。

第4章　地域の活性化に向けた自治体と市民の取り組み　*159*

　また、地名について関心の高いこともわかった。それは旧地名が新地名に変更されたことによるものであろう。「よく聞く地名、無くなった地名、伝説の地名」や「旧町名の復活」などを望む意見もあった。人の歴史についても、「昔のことを知っている住民」「松本藩の領民の遺伝子」「初代市長（小里頼永）」「市川量造、小林有也、松本城天守の恩人」「中萱（多田）加助」「江戸時代から住み続けている人たち」「松本をつくりあげてきた一般市民の人々の歴史（産業、文化……）」などを通じて、歴史をみていこうという意見も各グループで共通していた。

　また、参加者達が展示などで取り上げることを望んでいるものとしては、次のようなものがある。「松本市周辺の交通機関（鉄道・バス）」「松本市内を通った街道と今の道路の違いなどを地図で展示」「今の水源と昔の水源」「古民家の歴史又は展示（歴史の里のようにはいかないので）のパネル展。昔の建物と今現在」「街中に点在する古武家、商家」「自然科学分野の領域を充実する（自然、風土、環境）」「東日本最古の弘法山古墳」「人の暮しと自然との関わり（自然豊かな松本の地での人々のくらし方）」「松本城を中心とした歴史⇔一般市民の歴史」「市内に沢山ある神社仏閣の掘り起こし」「製糸関係資料の保存」「芸者の歴史（観光地としての繁栄）」などである。

　これまで同館が取り扱ってきたテーマだけではなく、様々なテーマを取り上げることを望んでいることがわかる。とくに負の歴史遺産については、首長の政治的な判断や博物館の事なかれ主義によって取り扱いが左右されるようである。松本市の事情は不明であるが、参加者たちから出された負の遺産を取り上げるべきという意見については真摯に受け止めなければならない。

　⑥この設問は、これまでの伝統的な博物館は学芸員などの博物館職員がその運営を担ってきたが、住民と協働して新博物館を運営するとしたら、どのような役割分担をすることができるかを知ろうとするものである。

　最初は、住民が学芸員の補助的な業務をしていきたいというものである。業務の内容は、「特別展の手伝い」「小中学校へ出前学芸員を派遣」「資料整理の手伝い」「資料の保存、写真、紙類」などである。

　二つめは、住民が教育普及役として行う内容に関するもので、「方言、昔の生活の道具」「暮らしと遊び」「昔の遊びを子ども達に教える」「歴史に詳しい

160　第Ⅱ部　直営博物館の現状と課題・展望

人の語り部」「一芸登録」「語学に興味のある人による文化通訳（ガイドを含む）」「ボランティア解説者」などの業務があげられている。

　三つめは、博物館を自らの文化活動の拠点として位置づけて実施する活動に関するものである。カテゴリー別活動（サークル、勉強会）、住民による報告や発表展示、小中学生の生きた体験場、自主サークルの情報収集及び提供交換、住民活動の実践道場、「博物館検定」の開催などの活動である。

　四つめは、住民参加による企画運営として考えられる内容に関するものである。「住民が積極的に参加・活動するための場所（知識、話題）の提供」「企画展等の自主運営と情報発信」「博物館スタッフと住民の連携による新たな運営方法」などが出された。こうした意見から参加者達は、博物館で自主的な活動をすることも望んでいることがわかる。

3　住民が望む博物館とは

　ワークショップから得られた参加者の博物館に対する見方は、次のようなものである。まず、参加者は、何よりも自分達の生活に身近な存在になる博物館を望んでいるということである。参加者の意見では、博物館は地域の人間関係が希薄化している問題に対処するために、住民同士の交流を促進する場にしていきたいという意見が顕著である。

　参加者達は、必ずしも観光客を誘致するような博物館を望んでいるとはいえない。城の天守閣を博物館にしたり、城郭の隣接地に博物館を建て、城に特化した博物館にしたりする事例を全国各地でよくみかける。しかし、今回のワークショップの結果、現状の博物館は住民感覚からは少し離れていることがわかった。

　以上のことから、松本市立博物館のこれまでの活動を踏まえて、新しい博物館のあり方を検討することができる。既存の博物館の歴史展示には負の歴史遺産を取り扱っていないことへの改善意見が目立った。個人史やモノを通じて歴史を構成する場合、負の歴史遺産の公開は避けて通ることができない。また、ワークショップでは、ボランティアのように学芸業務を補助することとは別に、参加者達は自らの経験や技能を生かした活動に参加することを望んでいることもわかった。博物館を住民の自主的な活動の拠点にしたいという意見は、「市

民交流の促進」という観点からいっても有効な方策であろう。

松本市は今後の新館建設に向けて、こうした知見をどのように活かすことができるか、住民の視点に立った新館づくりの真価が問われることになる。

2. 新潟市西蒲区の資料館の見直し作業

新潟市は市町村の合併後、政令指定都市になるにあたり、「分権型政令都市」を目指した。これは、本庁が区役所をコントロールするこれまでの政令指定都市の手法と異なり、区役所（市内8区）に直接予算を配分することで、区役所が地域に密着した行政ができるように一定の裁量を委ねる手法である。

篠田昭市長は、旧市町村の文化施設の廃止・統合を論ずるのではなく、これまでの地域の文化施設を、地域コミュニティを活性化させる人々の活動拠点にしていくという方針を示した。そのためにはどのように活用してゆくのかを政策課題とした。

そこで、市の基本方針や、「文化創造都市ビジョン」の策定を踏まえて、まず西蒲区をモデル地区として、区内の文化施設（6施設）を再生するために、「新潟市西浦区文化施設のあり方検討」の会が設置された。筆者はそのアドバイザーとなり、区内に所在する6館の文化施設の現状調査と、各施設の運営管理に携わる住民や区役所職員を対象としたワークショップを実施した。

1 西蒲区の資料館

西蒲区は、合併した巻町、西川町、岩室村、潟東村、中之口村の旧2町3村からなる。同区内の文化施設は次の通りである。

・巻郷土資料館（旧巻町）

・岩室歴史民俗史料館（旧岩室村）

・潟東樋口記念美術館・歴史民俗資料館（旧潟東村）

・中之口先人館（旧中之口村）

・澤将監の館（旧中之口村）

岩室歴史民俗史料館を除く各館は、それぞれ隣接する公民館の職員が区役所地域課の併任となり、各施設の管理責任者となっている。地元の住民が臨時職

員となり日常的な施設の管理運営をしている。

2 見直しのためにワークショップを行う

先述したように、新潟市は「分権型政令都市」を目指していることから、各区が自主性を発揮できるように裁量権を付与している。住民が市民としての主体性をもち活動することが、その前提条件の一つになる。そのため、見直し作業ではワークショップ方式を採り入れて、市職員と住民が対等の関係になり、それぞれの館を良くしていくために、お互いに知恵を出しあうようにした。

ワークショップは、市文化政策課と区役所が共催し、各館に携わる住民や公民館職員などが参加した。

まずは、各館の現状を自分たちのこととして受け止め、動き出すきっかけをつくることである。そこで、初回はワークショップ方式により、それぞれが自館の〈強み〉と〈弱み〉についての洗い出し作業をすることからはじめた（写真21）。大多数の参加者は、こうしたワークショップははじめての経験だった。

参加者は、自分の意見や感想を書き込んだ付箋を模造紙上に置いていった。次に、付箋をグルーピングする。類似するもの同士を一つのグループにまとめていくと、複数のグループができる。こうして、自分たちが運営する館の〈強み〉と〈弱み〉を、次のように整理することができた。

①各館の〈強み〉と〈弱み〉は何か

主な〈強み〉とは

　・地域の文化・生活コレクションが充実している。

　・住民による企画展やガイドボランティア、イベントの実績がある。

　・文化施設を拠点にする住民グループが自主的な活動をしている。

　・地域の歴史や文化に関する研究成果の蓄積がある。

　・地元小学校による授業見学を通して、学校との連携がはかられている。

主な〈弱み〉とは

　・施設の老朽化による雨漏りの被害が深刻である。

　・設備が不備のために活動に支障をきたしている。

　・施設がバリアフリーに対応していない。

　・コレクションを収蔵するスペースが不足している。

・コレクションの保管管理の環境が十分でない。
・企画展やイベントを実施するための安定した予算がない。
・PR不足。イベントや企画展を周知することが難しい。

写真21　ワークショップの様子（中央が筆者）

　各館の〈強み〉からみえてきたのは、コレクションが充実していることである。生活・文化資料が多いが、なかでも巻郷土資料館が所蔵する「のぞきからくり」は、全国的にも貴重な歴史民俗資料である。
　また、各館では住民グループによる自主的な活動が定着している。企画展やボランティアによるガイドやイベントが行われている。地元の小学校の授業見学会などの学校利用も行われている。巻郷土資料館の友の会のように、郷土史を調査研究するグループもある。
　それに対して、〈弱み〉はどうだろうか。まずは施設の老朽化問題がある。なかでも、巻郷土資料館の雨漏りは深刻である。実地調査を行い、事務室や廊下などに雨漏りを確認した。今後コレクションの展示・保管場所にも広がる恐れがあるので緊急に対応しなければならない。また岩室歴史民俗史料館は設備（ガス、水道、トイレ）が不備である。当然のことながら、活動に支障をきたしているが、今後は旧保育園に移転して、リニューアルすることが予定されているので、そのままにしている。
　巻郷土資料館は、西蒲区内で最も充実したコレクションを保有するが、収蔵庫のような保管施設が十分でなく、コレクションを安全に管理することが困難となっている。
　また、各館は事業をするための予算がなく、これまでの企画展やイベントは、臨時的な補助金に頼ってきた。有効な広報手段をもたず、地域の内外に情報を十分に周知することもできていない。

写真22　ワークショップの見学会（潟東歴史民俗資料館）

2回目は、全員が各館を見学した。それぞれの館を運営管理している人達が自館について参加者たちに説明する。潟東樋口記念美術館・潟東歴史民俗資料館では、新潟県庁で文化財専門職を務めた後、同県の文化財保護審議会長であった中島栄一氏が館長として尽力している。干拓事業によって消滅した旧鎧潟で使われていた舟や漁具などの民具コレクションの整理や展示を行っている。写真22は、中島氏が参加者に説明している様子である。

②施設間の連携を考える

3回目は、見学会の知見を手がかりに、各施設の〈強み〉と〈弱み〉を補いあうために施設間の連携について考えた。その意見を整理すると、次のようになる。

・コレクションの一部を他館で保管する。
・自館の展示室を他館の企画展などのスペースとして提供する。
・スタンプラリーをする。利用者を線でつなげてサービスをはかる。
・共同事業をする。共通のテーマで企画展・巡回展やイベントを実施する。

目立つものとしては、スタンプラリーや、中之口先人館はギャラリーを他館に提供するなどがある。個別には巻郷土資料館のコレクションを雨漏りの被害から避けるために、中之口先人館や澤将監の館の収蔵庫に緊急避難させる。岩室歴史民俗史料館は、今後のリニューアル・オープンに向けた準備のために、中之口先人館のギャラリーで予備的な展覧会を実施するなど、様々なアイディアが出された。

最終回は、それぞれの館を改善するための方策と、それを実現するための行動計画を作成した。最後に、グループごとに代表者がプレゼンテーションにより各館の改善計画を披露した。

各館に携わる住民や市職員の意見をまとめると、次のように整理することができる。

①施設の老朽化問題は現地調査でも確認していたが、とくに巻郷土資料館を運営する人たちは深刻にとらえており、参加者の全員が認識を共有することができた。

②合併前は旧町村間の交流はあまりなかったが、館同士の連携に関心をもつようになった。連携事業ができれば、同じ区内の文化施設間が交流し、地域間交流をはかることができるようになる。

③各館の管理業務をする人達は、それぞれの館を活動拠点として、今よりも積極的に活動することを望んでいる。そのためには、事業を継続するための予算や、来館者を呼び込むための情報発信体制を整備することが必要である。

④コレクションが十分に整理されておらず、保管するスペースも手狭になっている。

3　地域文化活動を活性化させる提言

その後、筆者たちは担当課とともに各館から出された意見を整理して、西蒲区の文化施設の改善や、地域の文化活動の活性化をはかるために『文化施設のあり方検討　西蒲区報告書』を作成した（新潟市文化観光・スポーツ部文化政策課 2012a）。

それを市長に提出し、文化施設の見直しの必要性について説明した。提言の眼目は、「市民の会」を発足させて、住民が主体的に館を運営する条件づくりをすることであった。

4　「西蒲区文化施設を運営する市民の会」を発足する

住民による一元的な運営組織の（仮称）「西蒲区文化施設を運営する市民の会（協議会）」（以下、「市民の会」とする）をつくり、各館とのネットワークのハブにした。区役所の地域課が施設の管理業務を担い、住民が運営する官民協働型にする。

「市民の会」は、区役所から施設の事業（資料整理・展示・イベント）等の

業務を受託するとともに施設間の連携や地域イベントなど、地域文化を活性化させる活動に主体的に取り組む。その具体的な内容は次の通りである。

（名称）
　（仮）「西蒲区文化施設を運営する市民の会」
（組織）
　会長・副会長など役員（例えば旧町村の各地区から2名ずつ推薦）と一定数の会員からなる。
　会則を作成し、組織・業務体制を明確化する。
（業務内容）
　6つの文化施設の事業の運営（資料整理・展示・イベントなど）や施設間の連携事業などを行う。そのために当該年度前に事業計画や予算書を区役所に提出する。年度の終了時には活動報告と決算書を提出する。
（区役所との関係）
　事務局業務（会計等）は、当面は区役所（地域課）が担当する。
　あわせて施設管理業務は、これまで通り区役所の業務とする。
（拠点）
　「市民の会」の拠点を当面は区役所内に置く。
（活動）
　執行部は会員の意見を聴取し取りまとめをする。
　6つの文化施設の事業運営を計画し実施する。
　施設間の連携（施設・事業・人）を行う。
　施設での利用者サービス業務（喫茶、物販販売など）

　そのために本庁（市）は、次のような条件整備をはかる必要がある。
・施設の修繕（緊急性を要するもの）をする。巻郷土資料館の雨漏り補修や、岩室歴史民俗史料館のインフラを整備する。
・「市民の会」に事業を業務委託する予算を確保する。
・ホームページの制作と管理（6館共通）をする。
・学芸員を配置する。
　さらに、中・長期的な目標としては、「市民学芸員制度」の創設をあげることができる。各館に携わる人達が、学芸業務に関する最低限の技能を学び、地域の文化施設の活動にそれを活かすために、「市民学芸員」を養成する。市歴

史博物館・市美術館・市文化財センターにおいて、一定のカリキュラム研修を受講する。「市民学芸員（歴史）」「市民学芸員（民俗）」など分野ごとに新潟市が資格を認定するものである。

5　その後の状況

　その後、本庁は具体的な見直し作業に着手し、翌年度以降の改善事業を次のように具体化した。

・「西蒲区文化施設を運営する市民の会」を設置する。

・各館の事業費（年間）40万円

・共同事業費（年間）100万円

・巻郷土資料館の修繕

　このようにして、「市民の会」を発足したことにより、地元のまとまりができるようになった。中之口先人館は、コンサートや展覧会などをこまめに行っている。巻郷土資料館は、事業内容を一新した試みを行っている。潟東樋口記念美術館・潟東歴史民俗資料館の中島館長によれば、旧潟東村にあった鎧潟や旧西蒲原郡は、日本画家の尾竹三兄弟（尾竹越堂・竹坡・国観）の揺籃の地とされており、同館では10年以上にわたり企画展を行ってきたが、図録をつくる予算がなかった。しかし、今回の見直しで事業費がついたことにより、図録を刊行することができた。このことが契機となり、東京・浅草の老舗料亭が所有する尾竹三兄弟の作品群が寄贈されることになった。地域の文化施設に資料価値の高いコレクションが増えると、地域文化にも厚みが生まれるようになるのである。

　また、共同事業をするようになってから、地域間の交流もはじまった。例えば、巻郷土資料館が所蔵する浮世絵を中之口先人館のギャラリーで展示したり、スタンプ＆クイズラリー、区内の小学校校外授業などで、住民が主体的に交流したりするようになったことがあげられる。

3．住民が史料館を運営する

　新潟市西浦区の6館のなかでは、旧岩室村の住民達による岩室民俗史料館の成長が目覚ましい。グループワークから4年後の2015（平27）年7月、「岩室民俗史料館友の会」の人達が同館の指定管理者となり運営を開始したからである。

1　前　史

　旧岩室村は、1955（昭30）年に岩室村と間瀬村が合併し、次いで1960（昭35）年に和納村とも合併した。旧岩室村は弥彦山に近い温泉や農業、林業の村、旧和納村は幕府の直轄地や北国街道の脇街道の宿場や農業の村、旧間瀬村は漁村であった。

　昭和30年代に旧岩室村が合併した頃、地元の斎藤嘉吉という人が、村内を行商していた。斎藤氏は、村内の民家が取り壊されて廃棄される生活道具や民具をみて危機感をもち、古老たちの協力を得て多くの民具を集め、それらを旧和納中学校の空教室に保管していた。斎藤氏は、村の文化財保護審議委員にもなり資料館づくりを提唱した。

　1987（昭62）年、斎藤氏が集めた民具は村の保育園が移転して空いた施設に移され、翌年に岩室歴史民俗資料館として開館した。資料館といっても職員は配置されず、施設も粗末であった。地元の人達は、資料整理や展示を試みたが、トイレ、電気、水道などが不備であったことが活動の障害となり、実質的には収蔵庫に近い状態であった。

　2005（平17）年、旧岩室村が新潟市と合併するにあたり、同館の再建が合併計画にのせられた。この動きに連動して、地元の有志が新たに「史料館運営協力友の会」を立ち上げた。史料館に名称を変更した理由は定かではないが、メンバーによれば、斎藤氏の思いが反映されたものだという。そして、新潟市歴史博物館などの学芸員から指導を受けて、資料整理や展示を再開した。相変わらず施設は不備な状態のままであったが、資料整理を少しずつ続けていた。

2　友の会が指定管理者になる

　新潟市は、合併計画に基づいて新たに旧保育園（約1,000㎡）をリニューアルして岩室民俗史料館にした。友の会は、このことを契機にして同館の指定管理者になった。メンバーは約40人。指定管理料は年間906万円で、ランニングコストと人件費が大部分を占める。

　事務局長の棚橋宏氏に、その思いをうかがうと、「（ワークショップに参加して）やってみるまではわからなかったが、自分達のところにはいろいろな民具があることがわかった。それを活かさなければいけないと思った」と、ワークショップを契機に自分達が運営することを決心したようである。また、民具コレクションの母体づくりに貢献したにもかかわらず、現在の史料館をみることなく2014（平26）年に他界した、斎藤嘉吉氏に対する強い思い入れもあったようである。会長の山崎行夫氏は、「（斎藤氏が）亡くなられたので、俺たちが頑張ってやっていかなければならない」と感じ、その遺志を引き継いだという。また、別のメンバーは「（地域に）愛着がある」とぽつりという。なるほど、そうだろうと思う。住民達によるいくつもの思いが交錯して、史料館を運営することになったことがわかる。

　新しい史料館の展示は、メンバー達の手作りである。旧館から資料を移動するのも、メンバー達が軽トラックで運搬した。開館セレモニーは地域の人達で行われた。

　友の会は、女性は60代以上、男性は70代以上の人達からなる。仲間同士の話しあいや、一緒に活動することが生きがいになっているという。来館した高齢者が「（民具をみて）昔これを使っていた」といって懐かしむ。老人ホームの老婦人に打掛の着物を着せると喜んでくれた。農家の老婦人は出征した夫が馬に乗っていた記憶が蘇り泣きだした。ここでは民具に触れることができるので、民具を手に取ることで、高齢者は記憶を辿りながら自分史を思い描くことができるのである。

3　運営を工夫する

　史料館の運営は、「友の会」と新潟市歴史博物館の学芸員との協力関係を抜きにして語ることはできない。同館の森行人学芸員によれば、これまでに岩室

から企画展のために民具を借用したり、民具の使い方などを教わってきたという。「友の会」メンバー達は農業、大工仕事などで、民具を実際に使用していたことから、各種の民具の使い方や、それらに関する生業に精通している。メンバー達による機織りや糸紡ぎ、鍛冶、柿渋製作などの技術は貴重な記録資料になる。

一方、メンバー達は、学芸員から資料整理の方法を指導してもらっている。資料に付票をつけて記録しておくことや、展示の仕方などを助言してもらっているそうである。

「友の会」の人達の発想は豊かである。資料保存を目的にした収蔵庫のような資料館とは異なり、ここではいろいろな試みが行われている。綿の栽培から木綿布をつくるまでの作業もその一つである。事の発端は、メンバーが学芸員から綿の種子を入手したことである。メンバー達が綿を栽培して、収穫した綿を種と綿を分離させる綿繰をしてから、綿をほぐすために綿打ちを行い、糸紡ぎを経て綿布にするまでの作業を再現することを試みている。

同館の活動は、地域の子どもたちの受け皿にもなっている（写真23）。2016（平28）年の5月の連休には、児童館、公民館が連携して小学生を受け入れる居場所づくりをした。小さなことでも、地域の公共施設が協力すれば、子育てにやさしい地域にすることができる。

4 「友の会」が主体性をもつ史料館をめぐる

旧岩室村の人達の活動は、地域が主体性を形成する萌芽だといえる。地域に対する愛着をもち、地域に伝わるコレクションの価値を認識すること、それに着目した先輩に対する敬意の気持ちをもち、同館の指定管理者になり館の運営をはじめたからである。「指定管理を受けたという責任感を感じる」

写真23　友の会のメンバーが小学生の見学に対応する（岩室民俗史料館提供）

「自分たちもやりがいを感じる事業をやりたい」という。「（同じ地区の住民から）史料館を市のお金で運営しているが、何もしないで月給をもらっている」と思われないようにしなければいけない。そのために体験教室やお祭りなどのイベントを行い、いろいろな事業を企画していろいろな人に参加してもらえるように工夫する。このようにメンバーのなかからは、公共施設を運営する意識が生まれている。

新潟県内の、他の合併が行われた市町村のうち、上越・村上・佐渡市などでは博物館の統廃合が行われた。しかし、「地域のものは地域で保管管理していくことが一番である。行政ばかりに任せてはダメで、ここ（岩室地区）のように地元の人が出てやれば良い」と棚橋氏はいう。

岩室民俗史料館は、地域文化の主体性を構築する拠点になる可能性があると思う。住民と行政が地域づくりの目標を共有し、それぞれの役割と責任を自覚しながら、地域の課題の解決に取り組んでいくことを期待したい。

5 "お茶の間会議"と少子化対策

博物館としての直接的な活動ではなくても、同館の場を活かすことにより、地域の課題をみんなで解決することができるのではないだろうか。

高齢者は、博物館の展示をみることが自分の過去を振り返る機会になるだろうが、それは今日の地域が抱えている問題を解決することには必ずしもつながらない。現在、地方が抱えている大きな課題の一つは少子化問題である。合併前の岩室村の人口は1万人、そのうち15歳未満は14％、65歳以上は23％であった（平成12年国勢調査）。しかし、12年後の旧岩室村（西蒲区岩室出張所）の人口は9,262人に減少し、15歳未満は11％、65歳以上は28％（2012年9月現在：新潟市ホームページ）のように、少子高齢化が急速に進んでいることがわかる。地域を安定的に維持するためには、子どもを育てる世帯を増やすことが重要である。そのためには、どうすれば良いのだろうか。

少子化問題を解決するために、子育て世代が住みつくような環境づくりに取り組むことが必要である。熊本大学の徳野貞雄教授は、家族を住民基本台帳上の世帯ばかりでなく、将来は戻ってくるかもしれない集落から他出した子どもを「他出子」と呼び、家族の構成員としている。「集落点検」という地元の人

172　第Ⅱ部　直営博物館の現状と課題・展望

達を集めたワークショップから、実は他出子の一定数は地元から車で行ける都市部に住んでおり、機会があれば地元に戻ってきたいと思っていることがわかった（徳野　2007）。

　新潟市の中心部に住んでいる他出子が移り住むことを想定すれば、地域に若年世代や子どもを増やすことができる。例えば、車で１時間以内の地域に住んでいる他出子の世帯は、少し不便になるかもしれないが、通勤できる距離ならば移住の可能性がある。自分達が生まれ育った地域に帰りたいと思っている人達は一定数いるはずである。そうした人達を呼び込むような仕掛けを考えてみるのは無駄なことではないと思う。

　同館のメンバーは40人ほどいるが、地元の人達が寄り集まり身近な話題について話す場にもなっている。「お茶の間」のような感じである。メンバーのなかで子ども世代と同居している人は１割程度だという。地元以外の新潟市内にも若干いるが、多くは東京などの県外に住んでいる。筆者は、よそ者の立場から、「家族を地元に呼び寄せることはできませんか」とメンバーに水を向けてみた。

　なぜならば、筆者の大学のゼミ生のなかには、卒業後は出身地の地方に帰りたいという学生が毎年のようにいるからだ。あるいは、東京で仕事をしていても、ある程度の年数が経つと先がみえてくる。そんなことなら、物価が高く、空気も悪く、治安も良くない、外食では何を食べさせられているかわからないような都会で我慢して暮らすよりも、地方に帰りたいと思っている卒業生が目立つようになっている。

　仮に、東京で夫婦と子ども２人の４人家族が暮らしていくのに、年収が最低500万円ほど必要だとすると、新潟市の市街地で暮らすには400万円、それに比べて岩室ならば250万円あれば生活できる。実家ならば、米や野菜などの食料をわけてもらうこともあるし、子どもの面倒も必要に応じてみてもらうこともできる。都会に住んでいると衣食住の全てを自己収入で賄わなければならないが、実家に近ければ様々な援助を受けることができるからである。それに安心感もあるし暮らしやすくなる。

　高度経済成長期ならば自分のことは自分で全て賄うことができたが、現在のような低成長経済の社会では社会格差が拡がるばかりである。昔のようなこと

はいっていられない。地方は少子化によって、今後は消滅する危険性が高いからである。

　すると、会長の山崎氏は息子は東京に住んでいるが、中学生の孫が新潟大学に進学してくれれば、地元から通学することができるのではないかという。親の実家から孫が大学に通学するようになれば、生活費はほとんどかからないばかりか、実家の両親は孫の面倒をみるという役割ができることで、生活にも張りが生じるだろう。本人は、大学を卒業して新潟で就職すれば、地元に住み続けることができるかもしれない。

　また、館長の小林氏は同級生が結婚して東京で生活していたが、この夏に夫を連れて地元に帰ってくるという。夫は他県の出身者だそうだが、Ｕターンしてくる同級生を温かく迎え入れて、祭りや自治会、消防団、青年団など役割や居場所をつくることが大事である。

　これまでは、若者が仕事を辞めて東京から戻ってくると、地域の人達からは、「なぜ、帰ってきたのか。何か良くないことがあったのではないか」と噂になることがあった。結局、本人は、地域での居場所がみつからずに、また外に出て行ってしまう。Ｕターン者を、地域が迎えるように意識を改めることが必要になっている。

　まずは、「友の会」の仲間同士で話をすれば、地元の出身者や家族の情報、こうすれば帰ってくるのでないかというアイディアが、実はたくさんあることに気づくはずである。「お茶の間会議」で、地元の少子化や定住化について情報を共有し、Ｕターンを促すような取り組みをすることである。今からでも自分達の視線からやれることをすれば、これまでの地域を維持していく可能性がみえてくる。

　市民が運営する同館のような場を拠点にすることができれば、出身者を地元に呼び戻すための対策を真剣に考えることができる。家族を呼び戻すことができれば、行政は空き家を整備するなど、その過程で浮かび上がってくる住民からのニーズに対応することができる。これまでのように行政主導の少子化対策ではなく、市民主体のものになるような発想の転換が求められているのである。

174　第Ⅱ部　直営博物館の現状と課題・展望

4．鉄道資料館と商店街の連携とその波及効果

　先述した新潟市新津鉄道資料館（第Ⅱ部第2章2節）は、リニューアル後、地元商店街と連携することにより、いろいろな波及効果を生んでいる。そこで、同館は商店街にどのような変化をもたらしているのか、また商店街という地域コミュニティに、どのような影響を及ぼしているのかについてみることにしたい。

1　商店街の概要

　現在の新津駅は、JR信越本線、磐越西線、羽越本線の3路線が交差する地点である。駅前の商店街は、1970年代には多くの買い物客で賑わった。しかし、その後に上越新幹線が開通すると、長距離列車の本数が大幅に少なくなった。さらに全国の地方都市にみられるように、郊外型の大型店が出店してから買い物客が減少するようになり、空き店舗の増加や後継者不足が問題となっている。

　新潟市秋葉区産業振興課の水澤喜代志氏（現新津鉄道資料館副館長）によれば、地元の人たちは「鉄道のまち」というプライドをもっていなかった。「花や石油のまち」というイメージが強く、鉄道の町という往時の歴史や文化を顧みることはほとんどなかったという。

　明治時代に新津丘陵は石油が採掘される全国有数の出油地帯であった。1917（大6）年には年産12万キロリットルで、産油量日本一となったが、その後は産油量が減少して、1996（平8）年に採掘は終了した。石油の里公園には石油櫓が残り、石油王中野貫一の住宅は中野美術館になっており、往時の面影を偲ぶことができる。また、新潟県が秋葉丘陵を総合公園「花と遺跡のふるさと公園」として整備し、域内の新潟県立植物園は年間の入園者数118万5,000人を集める人気の観光スポットとなっている。

　その一方、新津駅付近の地元商店街は、商業の空洞化を止めることができないままになっていた。新津観光協会が新津車両製作所（現総合車両製作所の車両工場）の公開日にあわせて、駅周辺を会場に「新津鉄道まつり」というイベントを毎年行っていたが、一過性の物品販売を目的にしたもので、鉄道カラー

はほとんどないものであったという。「鉄道」は、地元住民に忘れ去られた過去のものとなっていた。このようななかで、新津商店街協同組合連合会理事長の遠藤龍司氏らは、2009（平21）年に地元で「新津駅前地区まちづくり勉強会」をはじめたが、すぐに成果がでるものではなかった。

しかし、そのことが布石となり、2011（平23）年8月に行った「にいつ鉄道商店街事業」は、商店街を活性化させるための一つの転機になった。合併後の秋葉区（新潟市）が企画したもので、その担当者が当時、同区産業振興課の水澤氏であった。秋葉区のほかに、商工会議所、商店街などをメンバーに実行委員会をつくり、行政と商店街関係者が協働した。事前に商店街と話しあうなかで、鉄道資料館から資料を借りて店舗に展示するアイディアが生まれた。これには20店舗ほどが参加した。各店は、店頭にSL「ばんえつ物語号」のヘッドマークを飾り、展示資料にキャプションをつけて公開した。お盆休みを返上して実施したこともあり、県外からも多くの親子づれが訪れて商品が売れた。この事業を契機に、商店街の鉄道に対する意識が大きく変化し、「鉄道」をキーワードにした取り組みが商店街に活気をもたらすという手ごたえをつかんだからである。当時の資料館は、公民館職員が兼務するだけの脆弱な体制であったが、この事業が以後、商店街と本格的に連携する契機となった。

2　商店主たちの取り組み

2012（平24）年、資料館のリニューアルが決まり、その準備がはじまると、商店街も若者による自主活動が盛り上がっていく。イベントを行うにあたり、「したくない人はしない」「やりたい人がやる」ということを原則にした。皆でやるのは負担が大きいから、2〜3人でも楽しくやれることを提案することをモットーにした。こうして、リニューアルに触発された商店街の人たちがアイディアや知恵をもち寄り、新光商店街と中央商店街という隣接する二つの商店街（延長約350m）を中心に展開していった。主なイベントは、次の通りである。

①鉄道スゴロク

新津商店街協同組合連合会が商店街の各店舗内にお客を呼び込もうとするもので、商店街全体を「すごろく」にみたて、参加費500円で商品券800円分を購入し、各店舗でサイコロを振り、ゴールを目指すというものである。店舗ごと

に店主が待ち受けており、簡単なクイズや、手もち商品券の範囲内で商品を購入するなど、参加者に様々な課題が用意されている。ゴールした参加者には、抽選で温泉旅行などの景品を用意している。

②シャッターアート

　新光商店街の薬局の店主が、店舗のシャッターに鉄道車両を描くことを発案した。新潟市内のアマチュア画家が描いた下絵をシャッターに転写したものを、ボランティアがペンキで彩色する。現在は9枚描かれている（2017年1月現在）。下地を塗装店に依頼するが、あとはボランティアが制作する。資料館で展示されている上越新幹線（200系）や蒸気機関車（C57）のほかにも、地元にゆかりの列車が描かれている。

③グッズ開発

　「鉄道の街にいつ」にふさわしいグッズを作ろうと、商店街の店主たちが発案し製作している。お菓子や文具類のほかに、鉄道の街にいつのキャラクター「きてきち」グッズや、新津鉄道資料館にある実物車両を取り入れたグッズもある。なかには文房具店が飴を、カメラ店がせんべいや文具類を開発するなど、店舗の職種にとらわれないユニークな発想のグッズもある（2017年1月現在：20種類48品目）。

④鉄道メニューの開発

　飲食店からも、鉄道にちなんだメニューを開発する店が出てきた。最初は3品ほどからはじまったが、その後に少しずつ増えている。弁当店は「鉄弁」「SLばんえつ物語弁当」、イタリアンレストランの「SLピッツア」「煙もくもくSLパスタ」「C57パスタ」「イカスミSLピザ」、すし店の「SLちらし寿司」のほかに、食堂でも「石炭コロコロからあげ」「しごなな焼き」「C57定食」などのメニューがある。また菓子店では「SL石炭サブレ」「SLクッキー」「SLドーナッツ」、酒屋では「酒酒ポッポ酒ポッポ」というように、店柄にあわせてメニューを用意している。

3　鉄道資料館と商店街の連携

　以上のように、商店街が自主的に動き出したのは資料館のリニューアル準備がはじまった頃からであるが、両者の連携は、それから本格的にはじまるよう

になる。地域の課題解決をはかるために同館にできることは何か。商店街と連携することにより活性化に寄与するため、同館と住民との協働による地域課題を解決する取り組みとなった。

　一つは、商店が開発したグッズを資料館で販売するようにしたことである。先述したように、グッズのアイディアは各店が考案した。商店街連合会の役員会に、水澤氏も参加して意見交換に加わったところ、グッズの販売コーナーを資料館に設置することができないかという意見がもち上がった。商店と資料館がそれぞれ検討することになったが、ポイントは売上金の取り扱いに関することであった。双方が話しあった結果、資料館と商店が直接やりとりをしないようにする。資料館と商店街連合会のマージンをそれぞれ5％とし、各店が残りの90％を得ることで合意した。商店街連合会が得るマージンは、連合会による関連事業の活動資金にあてることにした。

　次に、SL動輪と踏切の警報機を商店街に設置したことも、主要な連携事業である。商店街からの鉄道のモニュメントになるものを表通りに設置したいという依頼に応じて、「まちなか鉄道資料館事業」としてSLの動輪と警報機を、それぞれ新光商店街と中央商店街に貸し出した。

　最初は、新光商店街が信用金庫の敷地（歩道）に動輪を設置した（写真24）。花壇であった場所を信用金庫が無償提供した。運搬や設置などに80万円かかったが、商店街連合会が1／3を負担し、2／3は市の商店街活性化補助金の支援を受けた。中央商店街でも、隣の商店街ができたのならウチもやりたいということになり、資料館から踏切の警報機を借りて歯科医院の敷地に設置することができた（写真25）。そのあたりの経緯については、筆者の研究室のゼミ調査の時に、呉服店の村木政寛氏から話を聞くことができた。

　「私たち（の商店街）も欲しいよな、欲しい欲しいっていって水澤さんに、ご相談にあがって警報機を紹介していただいて、うちの町内に嫁いでいただいた」というように、日頃から資料館の職員とコミュニケーションがとても良い関係になっていることがうかがえる。また、「あれ（警報機）を移動するにあたって大きな経費がかかったでしょうね、って皆さんがおっしゃるんですが、土地は歯医者さんから無償提供、例えば撤去するときは原状復帰、運搬も商店街ですと、いろんな商売をされている方がいて、土建屋さんもいるので、破格

178　第Ⅱ部　直営博物館の現状と課題・展望

写真24　商店街に設置されたSL動輪

写真25　商店街に設置された警報機

の値段で済みました。運搬費や柵、キャプションを含めて2万5,000円ぐらいでしたね。皆さんが贔屓に感じてくださって、ほんとに必要最小限の経費でできました」というように、歯科医院をはじめ商店街の人達が力をあわせて警報機を設置したことがわかる。

　さらに興味深いことに警報機を稼働させることにも成功する。「イベントの時とかですね、小学生があの(警報機)前に立ってカーンカーンカーンなんてやっているんです。これ電気つかないかと思いまして、(警報機の)うしろから懐中電灯で照らしてみたり。でも本格的に点滅させたいとなった時に、歯医者の先生が、電気系統のお仕事なんかが大好きで『なんとかなんないかね』っていって『よし』っということになり、水澤さんに回復手術していいでしょうかっていったら、『なじょうもなじょうも(いかにも、いかようにも、の意味)』っていってくださった。(警報

機を）開けたらどうも直りそうだっていうので球を入れ替えたんです。イベントごとにカーンカーンカーンと鳴ると、子どもさんは非常に喜んでくださいます」というように、商店街の人達はそれぞれが役割を担い、資料館との連携もうまくいっている。

　こうして、資料館がリニューアル・オープンしてから、両者の連携は具体的に動き出した。鉄道グッズの販売も、次第に増えて８店舗を数えるようになった。資料館で販売するグッズも初年度は265万円の売り上げであったが、翌年は332万円（2015年11月現在）と前年を上回り好評である。資料館のホームページでもグッズや鉄道メニューを紹介するなど、商店街に対して積極的な支援や協力を行っている。

　4　商店街に活気が出る
　資料館がリニューアル・オープンしてからは、商店街からさらなるアイディアが生まれ、次々に実行されるようになった。主なものをあげると、次の通りである。
①まちなか鉄道資料館（店舗）
　呉服店の村木氏がはじめたもので、店のショーケースに鉄道資料の展示コーナーを設置した。画用紙１枚分のスペースの提供を他店にも依頼したところ、10店舗ほどが参加して、地元の人達が所有する鉄道資料を展示している（写真26）。
②列車の停車位置を示す標識を吊り下げる
　特急列車の停車位置を示す標示板を模した看板を４店舗ほどの店先に吊り下げた。看板は、縦40センチ、横20センチのアクリル製。商店街の名称や店名のほかに、「寝台車」「急行」「３号車」といった鉄道に関する文字が書かれている。鉄道愛好家で鉄道シミュレータ開発者として知られる向井実氏が、資料館の１日館長として地元に来るのにあわせて、時計店の店主が発案した。
③０番線待合室「来て基地（きてきち）」
　「鉄道の街にいつ」のキャラクターにちなんで名付けられた空き店舗を活用した放送室で、2015（平27）年４月にオープンした。商店街の店舗の宣伝やイベントの案内、地域の情報を放送する。地域の防火や防犯情報を流すほか、毎

週小学校の放送部の児童が生放送することから小学校ともつながるようになり、小学校に鉄道クラブも誕生するなど、地域の様々な団体との連携がはじまっている。

こうした商店街の自主的な取り組みにより、いろいろな波及効果が出てきている。秋葉区産業振興課によれば、「増えたり減ったりという具体的なデータはないが、他地域から新津に来る人が目立つようになった。最初は鉄道ファンが多かったが、最近ではリュックを背負って街歩きする人たちをみかける」という。呉服店の村木氏によると、やはり人通りが多くなってきたそうである。大型店で買い物をしていた地元の住民も、商店街にも立ち寄るようになっているという。店先に展示する「まちなか鉄道資料館」を見物する人との会話を楽しむこともできる。呉服店には、これまでより多くの人達が来店してくれるようになり小物が売れるそうだ。

さらに、商店街の人達のコミュニケーションにも変化が表れてきたという。約60世帯からなる中央商店街についていえば、０番線待合室「来て基地（きてきち）」（放送室）をつくってから、地域の人達が顔をあわせる機会が増えた一方、日常的な連絡や挨拶はSNSを使い「おはようございます。掃除終わりま

写真26　商店の「まちなか鉄道資料館」の様子

した」と送信すると、「サンキュー」と返信があり日常的な交流が生まれるようになってきたという。

隣接していても、これまであまり付き合いのなかった商店街同士が「鉄道」という地域の資源をキーワードにして、相互交流するようになったことがわかる。そして、資料館との連携を契機に2つの商店街が「鉄道による地域の活性化」という目標を共有し歩調をあわせ、主体的に事業運営に取り組むようになった。

5　鉄道資料館と商店街の連携の構図

鉄道資料館と商店街との連携や、それを契機にはじまった商店街の活動をみてきたが、両者が連携するといっても、はたして誰がやっているのだろうか。資料館は副館長の水澤氏、商店街は呉服店、酒店、時計店、薬局、花店、果物店などの店主達10人以内の人達である。「やりたい人がやる」、皆でやるのは負担が大きいから2〜3人でも楽しくやることを提案することのできる人達である。事業を企画すると、それを実現するために協力する周辺の人達がそれに加わる。

だから事業ごとにメンバーは入れ替わるし、一定しているわけではない。少なくとも「連合会」とか「実行委員会」という組織が、企画や準備をして実施する体制ではなく、イベントごとに少人数単位で取り組んでいるからフットワークが軽く、次々に新しい事業を展開することができるのである。既存の組織になると、例えば予算がなければできないということになる。しかし、自発的な集まりならば、自分たちのもち出しでもできる。警報機の設置が好例である。少人数の人たちがいい出したら、商店街の関係者や賛同者が協力して、僅かな経費でやることができたからだ。

それでは、連携によって資料館と商店街は、双方にどのようなメリットがあるのだろうか。まずは、資料館職員と商店主達との日常的な交流や意思疎通のあることが前提となる。顔も名前も知らず、どのような人物なのかもわからずに、いきなり連携しましょう、というわけにはいかない。

今回の連携の様子を図42に示す。両者の連携の具体的な内容は、鉄道資料館の職員と商店主との交流や対話があった上で、商店が開発した鉄道グッズを資

料館で販売できるようにしたことや、資料館のコレクションを商店街に貸し出してモニュメントにしたことである。

　資料館にとってのメリットはいろいろあるが、主に3点をあげることができる。まず商店街の存在によって、資料館のアクセスの不便さを軽減して誘客をはかることができる。資料館は新津駅から徒歩20分ほど（約2キロ）の距離がある。その対策として、駅に設けた資料館のサテライトで無料の貸自転車を用意している。季節限定ではあるが、土日には無料のシャトルバスも運行している。それでもアクセスの不便さを拭いきれない。商店街は駅からの途中にある。商店街が活性化すると、来館者が食事や買い物などに立ち寄ることができる。商店主が「鉄道資料館に行ってきましたか」と、立ち寄る人たちに声をかけてくれる。不案内な人に道案内することで、アクセスの不便さを軽減することになっているのである。

　次に、資料館をはじめ新津や新潟市の知名度を上げることにも作用している。ユネスコの世界遺産に登録された石見銀山でも、地元の島根県大田市と市民達との連携による地域づくりが登録の前提となっていた（毛利 2008）。それにより、自治体の知名度は上がった。博物館も同じで、この場合は鉄道資料館が保有するコレクションの価値だけでなく、市民の支援や協力があってこそ資料館

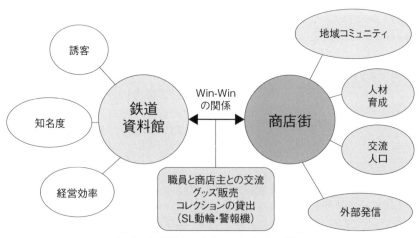

図42　鉄道資料館と商店街の連携の構図

と地元の知名度が上がるのである。地域が資料館を守り育てることにより、鉄道資料館が新津という町のブランド形成に寄与することになる。新潟市にとっても、全国の自治体のなかで市の文化行政に対する評価が高まるのである。

　もう一つは、経営効率が良いことである。リニューアル初年度の2014（平26）年度の入館料収入は765万円、また同年のパブリシティの金額を算出したところ2,637万円である。新聞やテレビの報道のほか、法人などの機関紙、タウン誌、全国版の雑誌や自治宝くじのデザインを広告費に換算した金額である。それに加えてグッズ販売の手数料収入も入る。売上金265万円の５％のマージンは13万円となり、合計すると3,415万円になる。同年の決算額（経常経費）が約5,800万円（人件費込）であるから、収益率は60％近い。一般的な公立博物館の収益率は、良くても10％程度である。同館は、収益率が非常に高く経営効率がよい。

6　地域コミュニティが進化する

　一方、商店街にとっては、どのようなメリットがあるのだろうか。千葉大学の広井良典教授（現京都大学教授）は、地域コミュニティについて、次のように述べている。コミュニティを「人間が、それに対して何らかの帰属意識をもち、かつその構成メンバーの間に一定の連帯ないし相互扶助（支え合い）の意識が働いているような集団」と定義した上で、コミュニティは個人と社会という重層社会の中間空間を立ち位置にする（広井 2009）。社会的に「孤立化」する人達が増え、地域が衰退化しているという現実の問題に、地域というコミュニティを再生することが求められている。

　それでは、鉄道資料館との連携により、新津商店街という地域コミュニティはどのように変化したのだろうか。まずは、これまでの商店街というコミュニティよりも活気が出てきた、つまり、地域コミュニティが成長しているのである。鉄道事業を企画するキーパーソンたちが現れたことや、それを実行するための協力関係が次々に生まれて、商店街同士にも「われわれ意識（we-feeling）」が芽生え、共同体意識が生まれるようになった。そのことは地域に対する自覚と、アイデンティティの形成や帰属意識を高めることになっている。商店街でのヒアリング調査からも、お互いが挨拶を交わすことが多くなっていることや、

184　第Ⅱ部　直営博物館の現状と課題・展望

店先に展示している「まちなか鉄道資料館」を見学する地域外から来た見知らぬ人達とも、日常的にコミュニケーションをとるようになっていることがわかった。空き店舗を「来て基地（きてきち）」という放送室にしてからは、打ちあわせや情報交換、交流するためのコミュニティの拠点となっている。

　二つめは、「人材育成」がはかられるようになっていることである。例えばシャッターアートに参加するボランティアは、児童から高齢者まで幅広い年齢層の人達からなる。自分たちが手がけた作品をいつでも商店街でみることができれば愛着が生まれ、さらに地域のために活動する意欲が湧くようになるだろう。「来て基地（きてきち）」（放送室）でも、毎週、小学校放送部の児童が生放送し、また商店街からの声かけに応じて小学校に鉄道クラブも生まれたように、新津の鉄道の歴史や文化を継承する人材が育つような仕組みもできた。

　三つめは、交流人口が拡大していることである。商店街が活性化するようになれば、自然に周辺から人々が集まるようになる。郊外の新興住宅地の住民達も訪れる。すると、大型店とは異なる雰囲気や商品の品ぞろえ、商店主とのつきあいも生まれる。これまで買い物先の選択肢になかった商店街が、新たに加えられるようになるのである。また、域外の観光客も少しずつ増えている。駅と鉄道資料館との往復の途中に立ち寄る人達も出てくる。こうして交流人口が拡大するようになれば、商品の売り上げにつながり経済効果も期待できる。

　四つめは、外部発信である。元来、商店街は外部に開かれた「外の世界」との接点である。商業とは、そのようなものである。商店街が開発した鉄道関連の商品やメニュー、イベント、地域活性化の取り組みなどを SNS などの様々な媒体により発信する。埼玉県さいたま市の鉄道博物館周辺の同業者を意識して、呉服店の村木氏は、「我々の民間レベルでいえば、大宮の東口商店街という大きな商店街と姉妹提携をとれませんかと提案したりしている。いろいろなところからたくさんの人たちに（新津に）来ていただきたい」。また、メディアへの露出度も高くなっている。

　以上、商店街にとってのメリットは、商店街同士が相互に影響を与えながら効果をあげていることである。当初は、衰退化した商店街にありがちな、内向きの考え方になりがちで事業もマンネリ化していた。この場合、地域コミュニティは「閉じられた空間」であったといえる。しかし、資料館との連携が契機

となり、地域を外部に開いていく「開放的な空間」を取り戻すことができるようになった。広井教授によれば、前者を「農村型コミュニティ」、後者を「都市型コミュニティ」といい、前者と後者はバランスよく調和することが、地域コミュニティを安定化させるためには重要であるという（広井 2009）。

　高度経済成長期に賑わっていた当時は、たとえ「閉じられた空間」であっても国の規制により大型店の出店はなく、各地の商店街はある程度は守られていたから、商売はそれなりに成り立っていた。しかし、国の規制緩和による競争社会になると、商店街は一気に活力を失い衰退化してしまった。新津の商店街も例外ではなかった。しかし、これまでみたように資料館との連携を契機にして、自らが主体的になり地域の課題を解決するために動き出したことにより、コミュニティに変化があらわれ、人材育成にもつながるようになり、「閉じられた空間」内部も活性化し、しかも外部発信や交流人口も拡大する「開放的な空間」が重なる「関係の二重性」が生まれるようになったのである。

　それではなぜ、地域コミュニティにとって、この「関係の二重性」という空間が大切なのだろうか。「閉じられた空間」＝「農村コミュニティ」と「開放的な空間」＝「都市型コミュニティ」とは、それぞれの性格を異にしている。前者は、日本古来の農村社会の伝統をもち、共同体や仲間意識が強いながらも、物事の対応や解決が場面に応じて変化する。一定のルールがなく、その人の年齢や性別、出自などが大きな意味をもっている。小さな社会ならば、自由で柔軟性があるのだが、ある程度以上になると、かえってこのような社会はストレスと強い拘束感を感じるようになりがちである。それに比べて後者は、人と人とが基本的に独立しながら、ルールや規範によってつながるような社会である。しかし、それがいきすぎると、社会は硬直化し、ルールやセキュリティでがんじがらめに縛らなければならなくなる（広井 2009）。つまり、どちらか一方の性格に極端に偏るような地域コミュニティは、地域や人の安全保障という意味からも望ましくない。両者の適正なバランス関係が地域の安定に欠かせないのである。

7　博物館が地域と連携する上での留意点
　最後に、博物館が商店街と連携する上での留意点をまとめると次の通りであ

る。まず、博物館は地域のニーズをつかむことである。ニーズを受け止めて、博物館はどのようにしてサービスに置き換えて提供することができるのかが問われるのである。そのために、双方が何のために連携をするのか、そのビジョンを共有することである。あるいは何を共有できるかといっても良い。両者は、「鉄道という地域資源を生かした地域・商店街の活性化」というビジョンを共有することができた。

これまで一般的に扱われてきた「博物館と○○の連携」は、博物館にとって都合の良いもの、または博物館の生き残りのための手段として、他者に「連携」を求めるものだった傾向がある。そうではなく、双方が〈思い〉を同じくして行い、さらにその成果は両者にとってそれぞれ「得るもの」がなければならない。資料館と商店街は双方にとって、「Win-Win（ウィンウィン）の関係」になることが大きなポイントである。どちらか一方が得をするのでは連携は成立しない。仮にあったとしても継続することは難しいだろう。

連携にとって、もう一つの要件は〈継続性〉を担保していくことである。単発的な一過性の事業では、双方にとって得るものはあまり期待できそうもないからである。SL 動輪や警報機は商店街のモニュメントになっているし、資料館のグッズ販売も定着している。いろいろと手を広げるよりも、「身の丈にあった」ことを継続的にやっていくことにより、連携の成果はより充実したものになっていく。

博物館にとっては、ヒト・モノ・カネなどの経営資源をどのように配分するのかも問われる。博物館や連携先の事情に応じて異なるだろうが、それであっても、最も重要なのは〈ヒト〉である。適任となる人材が配置できるかどうかに成否がかかっているといっても良い。資料館の担当者、商店街の商店主たちのヒト同士が、ビジョンを共有し信頼しあい、日常的な交流や意思疎通がうまくいっていたから成功したのである。そのために博物館の学芸員や職員は、地域に「出る」、そして「聞く」ことである。地域で住民から話を聞き、地域のニーズを把握することである。それができれば、あとは柔軟に対応して「やる」ことである。

新津鉄道資料館と地元商店街との連携は、このようにして一定の成果をあげることができたし、それは現在も進行中である。

第Ⅲ部

持続可能な福祉社会をめざす博物館

第1章　「第三世代の博物館」から「対話と連携」の博物館へ

1．福祉社会の充実をはかる

　近年、欧米を中心に、経済学などからのアプローチによる「幸福」についての研究が進められている（スティグリッツ・セン・フィトゥシ 2012，フライ 2012）。GDP（国内総生産）のような経済成長率が便宜的な豊かさの指標であるという見方から、真の豊かさとはなにかという「人生の幸福度」への転換をテーマにしたものである。さらに、基礎教育を充実することにより、あらゆる国の個人が尊厳をもって生きることができるようにするためには、国家や社会から脅威や不利益を被るリスクを減らすべきであるとの指摘もされている（セン 2006）。

　日本は成熟社会になり、人はいかにして豊かな生活を送ることができるかが問われている。1990年代に発生した「バブル崩壊」を契機に、日本経済は高度経済成長期から低成長の時代に転換したといえる。こうした状況を見据えて、例えば新潟市では GDP の最大化よりも住民の「幸福度」の最大化を目標に都市経営をすることを考えて、NPH（Net Personal Happiness）を目標とする都市ビジョンを提唱した（上山 2012）。

　高度経済成長期には、戦後復興を目指して日本全体が「豊かさ」を目標にしていた。筆者が中学生であった1967（昭42）年、日本の人口は1億人を超えるようになり、当時の平均寿命は男性68歳、女性73歳であった。学校の教育は、今とあまり変わりなく、いじめや不登校などもあった。しかし、社会に勢いのようなものがあり、そのような問題をカバーすることができて、皆がそれぞれ豊かさを享受できるような時代であった。

　しかし、その後の日本社会は、急速に少子高齢化が進行している。総務省統計局のデータによれば、1965（昭40）年に65歳以上人口の割合が6.3％、15歳

第1章 「第三世代の博物館」から「対話と連携」の博物館へ *189*

未満人口の割合が25.7％であったのに対し、2005（平17）年には65歳以上人口の割合が21.0％、15歳未満人口の割合が13.6％と、世界で最も高い水準で少子高齢社会となっている（平成17年国勢調査）。かつてのように社会全体が共有していた目標がなくなり、経済的な豊かさは一部の人達が享受するのみで、多くの人たちが貧しさを感じる格差社会となっている。その結果、とくに教育現場では、社会問題が先鋭的に浮かび上がっている。子どもの自殺や殺人事件、教師の不祥事などの問題が次々に露呈している。また、政府による、いきすぎた規制改革のために、「効率」ばかりが問われるようになった結果、痛ましい事件や事故も生じている。そのような時、為政者は、決まって「自己責任」という言葉で片づけようとする。日本は、いつからこのような息苦しい国になってしまったのだろうか。

　千葉大学（現京都大学）の広井良典教授は、これまでの日本社会のように経済成長を絶対的な目標としなくとも、十分に豊かさを感じられる社会を「定常型社会」と呼んでいる（広井 2001）。さらに、定常型社会と重なる概念としながら、「持続可能な福祉社会」を日本が目指すべき社会像であると提唱している。持続可能な社会とは、「個人の生活保障や分配の公正が十分に実現されつつ、それが環境・資源制約とも両立しながら長期にわたって存続できるような社会」をいう。具体的には、「独立した個人」に基本的な価値を置き、それに「公正」という価値を立てて、社会保障や環境保護に軸足を置き、個人と個人をつなぐ「新しいコミュニティ」を目指すものである（広井 2006）。

　広井教授は、日本社会は歴史的に、「集団が内側に向かって閉じる」という特質があることを指摘する。戦後の経済成長期に、コミュニティは、"稲作の遺伝子"が支配する農村型社会（ムラ社会）から、個人をベースにした見知らぬ個人同士が様々にコミュニケーションをとりあう「都市型の関係性」に変容すべきだったという。この"稲作の遺伝子"とは、次のように説明される。

　日本に稲作が伝播して以来、「集団が内側に向かって閉じる」日本人の行動様式は、比較的小規模な集団が生産や生活の単位となり、その集団内で緊密な協調的行動や集団管理が求められる社会であった。しかし、この「都市の中のムラ社会」は、経済成長の時代でもなお、「カイシャ」や「核家族」のような形で維持されてきた。人間同士の関係性を見直さなくても、経済的に豊かであっ

190 第Ⅲ部 持続可能な福祉社会をめざす博物館

たから、そのまま維持することができたのである。しかし、その結果、今日の
地域コミュニティは、人と挨拶しない、知りあいには親切にするが知らない者
を排除するなど、社会のあり方そのものに歪みが生じている。「持続可能な福
祉社会」を実現させるためには、人と人との関係性を見直す、すなわち「人の
関係性」を組みかえることが必要であるという（広井 2006）。「モノ」の豊か
さよりも、「関係性の豊かさ」を模索することが求められているのである。

　確かに、現在の日本では、かつてのような経済成長を望むことはほとんど不
可能である。急速な少子高齢化と人口減少は、国内需要を低下させている。現
実的には、いくらモノを生産しても購買力がないためにモノはダブついている。
しかし、政府は相変わらず GDP の数値を上げることを目標にしている。GDP
を支える基本原理は、大量生産・大量消費、そして大量廃棄によるもので、今
日のような成熟社会に適するものではない。内閣府の推計でも成長率はほとん
ど見込めないことがわかっている（伊東 2016）。少子化により生産年齢の人口
が減っているからである。しかも自然環境を、これ以上破壊することは人類の
生存を脅かすことにもなりかねない。

　中央大学の宮本太郎教授は生活保障を再生させて、個人の「居場所づくり」
を地域コミュニティなどが担うことの必要性を指摘する。この場合の生活保障
とは、「人々の生活が成り立つためには、一人ひとりが働き続けることができ
て、また、何らかのやむを得ぬ事情で働けなくなったときに、所得が保障され、
あるいは再び働くことができるような支援を受けることができる」ように、雇
用と社会保障を連携させる考え方をいう。現実には、家族やコミュニティが求
心力を失うなかで、個人が孤立するような「個人化」が進んでいることから、
個人が居場所を喪失している。そのため、地域コミュニティなどが居場所にな
り、個人を「承認」することにより、個人の自律を促すことである（宮本 2009）。

　これからの社会は、ゼロ成長であっても、若年者が安定的に働く環境を整え、
過疎化した地域を再生することや、雇用と社会保障を連携させた生活保障を再
生させて、人々が豊かで幸せに生活できるウエルビーイング（wellbeing）と
しての福祉社会にしていくことが望ましい。

　公立博物館についても、そのようなウエルビーイングを実現する上での役割
をはたすことが、今まさに求められているのである。

2．「第三世代の博物館」を評価する

　戦後の高度経済成長が続いていた1986（昭61）年、伊藤寿朗は竹内順一の論考（竹内 1985）を発展させて、博物館の「第三世代論」を公表した（伊藤 1986、1993）。これは博物館を時系列的に３つのタイプに分類した上で、理想的な地域博物館像を提唱したものであった。つまり、第一世代とは、希少価値をもつ宝物のような資料を保存するような古典的な博物館とし、第二世代は、多様な価値をもつ資料を公開することを運営の軸にするような当時の多くの博物館を指している。県立博物館や中規模の市立博物館が典型的であるという。

　それに比べて、「第三世代の博物館」とは、社会の要請にもとづいて必要な資料を発見し、あるいはつくりあげていくもので、住民の参加・体験を運営の軸とする将来の博物館である。第三世代とは、期待概念であり断片的にはいくつかの公立博物で行われているものの、典型となる博物館はまだないといっている。

　第三世代は、参加し体験するという継続的な活動を通して、知的探究心を育むことを目指す施設であり、日常的利用が可能な場所に設置されることが条件となる。自己学習能力の育成を目標にしており、市民と博物館が協同して新しい価値を発見し、また作り出していくところに、その本質があるとしている。とはいえ、第一世代や第二世代の博物館が現実にあることを必ずしも否定している訳ではない。

　また、伊藤は、第三世代博物館と地域博物館を重ねあわせて考えており、地域の様々な課題を市民自身が主体になって取り組むことが基本であるとしている。地域博物館の役割は、こうした市民自治の原則を博物館の領域において、そして博物館の機能を通して育み支えていくような自己教育力の形成をはかることであるという。伊藤の地域博物館論は、まさに教育論そのものといってよい。

　1970年〜80年代の経済成長の時代に、博物館は施設の規模を競うように公共事業によって全国各地につくられた。1970（昭45）年に行われた大阪万博（日本万国博覧会）以降、展示技術の進歩も追い風になり、優れたデザイン性をも

つ展示が博物館にも採用された。その結果、活動よりもデザイン性に富んだ展示を売りものにする「見せる博物館」が流行した。第三世代の博物館という考え方は、そのような風潮に対する、まさにアンチテーゼとして提唱された。博物館の事業に参加することを通じて、自立した個人や公共性を育成することを試みたものであったからである。

　近年、布谷知夫氏は滋賀県立琵琶湖博物館（1996年開館）の運営経験を踏まえて、住民が日常的に博物館活動に関わることのできる博物館を「参加型博物館」と呼んでいる。利用者は展示を利用し、観察会などの事業やワークショップに参加し、その過程では資料収集にも協力する。博物館利用者は博物館のあらゆる分野での事業に関わることができ、それによって博物館活動は活発になり、発展していくことができるとしている。つまり、住民の参加を全ての博物館事業と関連させながら進めていく事業形態となっている。そのプロセスでは、利用者は博物館が行う事業に対して意見を述べ、それが反映されることが期待される。利用者は事業に対する主体的な参加ができ、参加することで新たな好奇心や関心を広げていくことができる（布谷 2005）。布谷氏は、2014（平26）年に開館した三重県立博物館でも、館長としてそれまでの考え方を実践した（布谷 2016）。

　伊藤による第三世代の博物館という考え方は、各地の博物館の事例を集めて、それを伊藤の教育観によって編集したものであった。そのため、伊藤はそれを理想型であるとした。それを進化論的に評価するならば、布谷氏のいう参加型博物館論は、第三世代博物館の延長線上にありながら、それを個別の県立博物館で実現したとみることができる。

3.「対話と連携」の博物館

　財団法人日本博物館協会（現公益財団法人日本博物館協会）は、文部省（現文部科学省）から「博物館の望ましいあり方」についての調査研究の委嘱を受けて、2000（平12）年12月に『「対話と連携」の博物館―理解への対話・行動の連携―』という報告書を出した（日本博物館協会 2000）。

　政府の地方分権の推進や規制緩和の方針のもとに、文部省は生涯学習政策に

ついても再検討を迫られていたという背景があった。中川志郎氏（当時、ミュージアムパーク茨城県自然博物館長）を座長とする委員会による報告書は、欧米博物館の状況を俯瞰しつつ、国内博物館の現状と評価を体系的に整理した上で、その後の博物館の運営について政策提言をするものであった。

　その要点は、「対話と連携」をキーワードに、生涯学習機関としての教育力や博物館力を高めるためのビジョンの提言であった。提言の一つめは、スタッフ全員が共通認識をもつように「館内部での『対話』」をすることである。博物館が掲げる「使命」を共有することや、日常的な業務に関する意思疎通をはかることなどがある。二つめは、「館同士の『対話と連携』」である。単発的な企画展に特化するのではなく、各館が所有する博物館の資源（人・資料・情報など）を日常的に相互に活用しあうことである。かつ、館別、館種別、設置者別、規模別、地域別などのセクショナリズムを排除した横断的なネットワークの構築を構想している。三つめは、「学校・家庭・地域社会との連携」である。博物館が有する資料や専門職員は、連携により学校や地域の「教育力」を上げることができるとしている。

　この「対話と連携」の博物館構想はその後、実際に全国の博物館においてどのような取り組みが行われたのであろうか。日本博物館協会の『日本の博物館総合調査研究報告』の1997（平9）年度から2008（平20）年度までの調査データを時系列的にみると、常勤職員が減り非常勤職員が増える傾向にあることや、予算の減少傾向が続いているなど経営上の問題が指摘される一方、学校への移動博物館や学校団体の見学のように、学校との連携が増えていることや、ボランティアの受け入れが進んでいることを確認することができる。実際、第Ⅱ部第1章1節で取り上げたように市立市川考古博物館や同市川歴史博物館、我孫子市鳥の博物館、松戸市立博物館でも、学校団体による見学利用を促進させている。

　報告書では、今後、地域との幅広い連携をはかるためには、地元の企業・業者・事業所や町づくりの活動、NPOなどとも連携することが課題であることも指摘されている（日本博物館協会 2009）。

194　第Ⅲ部　持続可能な福祉社会をめざす博物館

第2章　持続可能な福祉社会と博物館

1．キャリアデザインと野田市郷土博物館の活動

1　キャリアデザインとは

　筆者は、2007（平19）年から指定管理者（NPO）として野田市郷土博物館の運営に携わっている。同館では、博物館が「市民のキャリアデザインを支援する」活動に取り組んでいる。それは住民の自主的な学習活動や調査研究を支援するとともに、生涯学習のために住民相互の交流を促進するものである。ここでいうキャリアデザインとは、住民の一人ひとりが自分らしい生き方をするために、それに必要な知識や経験を身につけて実践することをいう。その上で地域コミュニティの一員として自覚をもち、「まちづくり」活動に参加する「まちづくり市民」（金山 2012）を目指している。まちづくりに参加する市民を育成する過程においては、個人の居場所や生きがいを生み出すことにもなるのである。

　それとあわせて、人のキャリアは生涯にわたるもので、世代に応じた人生の役割をうまくこなすことができるように時系列の視点から支援することも射程にいれている。

　法政大学の宮城まり子教授は、アメリカの心理学者のスーパー（Super, D. E）のキャリア理論からライフキャリアを次のように説明している（宮城 2002）。スーパーは、人のキャリア発達を、成長段階（0歳～14歳）、探索段階（15歳～24歳）、確立段階（25歳～44歳）、維持期（45歳～65歳）、衰退期（66歳以降）のように段階ごとに分けられるとする。人は段階ごとに人生の役割（ライフロール）をこなしていくことにより生涯にわたり発達する。その人生の役割とは、①子ども、②学生、③余暇人（余暇を楽しむ人）、④市民（地域活動など地域への貢献の役割）、⑤労働者、⑥配偶者（妻・夫）、⑦家庭人（自分の

家庭を維持管理する）、⑧親、⑨年金生活者であり、多くの場合は複合する。そして、その役割を演じる「劇場」の舞台が家庭、地域、学校、職場となる。人生の役割は、一生の間に変化し、その役割ごとに費やす時間やエネルギーは人によって異なる。段階ごとに人生の役割をバランス良くうまくはたすことができれば、個人のライフキャリアは成功するのである。

　市民のキャリアデザインとは、自立した個人を目指すものであるが、そのような個人のキャリア形成を支援することが、野田市郷土博物館の運営の基本的な考え方である。

2　寺子屋講座と市民の文化活動報告展

　そのために、野田市郷土博物館では様々な事業を行っているが、なかでも寺子屋講座と市民の文化活動報告展は中心的な事業となっている。

　寺子屋講座とは、主に住民が講師になり、自らの人生や仕事の技などを参加者に披露するものである。講師となる人は、参加者とフラットな関係性を保ち、自らのキャリアを自らの言葉で語る。これまで博物館を訪れることのなかった農業や商工業、医療・福祉など、様々な職業経験をもつ人達が講師になってきた。ちなみに、2014（平26）年度に講師を務めた人達を列挙すると、高齢者福祉施設経営者、元繊維関係団体職員、マタニティ・セラピスト（整体師）、気象予報士、コウノトリ飼育員、整理収納アドバイザー、元金融機関職員、料理研究家、元東京メトロ職員、快眠アドバイザーなど多士済々である。ほとんどの人たちは、講師になることをはじめは固辞するが、準備段階から学芸員がサポートすることにより、次第に前向きになる。本番では、講師が語り終えた後に、参加者と自由に意見交換をする。すると、ほとんどの人たちは「やってよかった」と感想を述べる。講師を経験した人達は、参加者との対話によって自己承認をすることができるからである。これまでに200人以上の人達が寺子屋講師を経験している。

　また、市民の文化活動報告展も住民が主人公である。地元で文化活動を行っている住民グループが、日頃の調査や研究の成果を発表する企画展である。学芸員とテーマなどについて協議してから、グループが集めた品々のほかに、博物館のコレクションも活用して展示を作り上げていく。これまでに、まちなみ

研究会、野田古文書仲間、野田自然保護連合会、むらさきの里野田ガイドの会、なつかしの道具探究会が企画展を行っている。

　直営期の郷土博物館は、限られた個人や博物館からの呼びかけに応じた人達など、博物館と関係性をもつ馴染みの人達が主に利用していた。しかし、博物館の周辺部にいて、一度も訪れたことのない個人やコミュニティは多い。博物館が、子どもや若年者、中高齢者などにとって地域のプラットフォームになることで、潜在的な利用者を掘り起こし、日常生活の一部になることができれば、人々のライフキャリアをさらに充実させることができるようになるのである。

　そのことを、これから述べるイギリスの博物館で行われているソーシャルインクルージョンの取り組みと照らしあわせてみることにする。

2．ソーシャルインクルージョンとイギリスの博物館

1　ソーシャルインクルージョンとは

　フランスでは戦後、アルジェリア等から多くの難民を受け入れたが、外国人の排斥運動が活発化したことに対して、フランスの地域社会や家族とのつながりを重視する伝統的な国民性から、ソーシャルインクルージョンという考え方がうまれた。その動向がイギリスにも影響を与えて、現在はEU（欧州連合）の社会政策の基本になっている（炭谷 2004）。

　イギリスでは、1997（平9）年、保守党政権から労働党のブレア政権に交代し、ソーシャルインクルージョンが社会政策の中心的なテーマとなった。この概念は、ブレア政権のブレーンとなった社会学者のアンソニー・ギデンズ（Anthony Giddens）のアイディアであった。その著書『第三の道（The Third Way)』のなかで、平等を包摂（inclusion）、不平等を排除（exclusion）として対比している。包摂とは、広義にいえば市民権を尊重し、また社会参加の機会や権利を保障するものである。ブレア首相が優先課題とした「第一に教育、第二に教育、第三に教育」（Education, Education, Education）という教育重視政策は有名であるが、その背景は学校教育から脱落するなどの排除を防ぐことで、それまでの給付型の福祉政策よりも、個人として自立し公正で豊かな社会を築く一員になることを目指したからである（佐藤貴 2004）。

第2章　持続可能な福祉社会と博物館　*197*

　ソーシャルインクルージョン（社会的包摂）とは、「社会的な排除」と対照的な概念である。激変する社会においては、私達の誰もが社会的な排除の対象になる可能性がある。なかでも高齢者、人種や民族のマイノリティ、病人、低所得者、障がい者、LGBT（性的少数者）などは、とくに排除の対象となりやすい。ソーシャルインクルージョンとは、様々な差別などによって社会から排除されているそうした人達を、社会関係のなかに引き入れていこうとする考え方である。その目的は、ブレア政権の「福祉のニューディール」という福祉政策に貫かれているように、個人の自立と意欲を引き出して公共と民間の諸階層のパートナーシップを発揮していき、社会的なコストを就業の促進などによって減らそうとするものであった（舟場 1998）。

　2016（平28）年6月、イギリスは国民投票によって EU から離脱することを決めた。イギリスではポーランドなどの中東欧からの移民が急増し、職を脅かす事態になっていることや、低所得の労働者と既得権益を有する人々の利害などが対立した結果だといえる。しかし、ソーシャルインクルージョンという考え方を否定するものとはいえず、むしろ今回の事態を教訓に、EU とイギリスは両者の再生をはかるために、さらにインクルーシブな社会づくりを考えなければならない。

2　博物館におけるソーシャルインクルージョンの考え方と実践

　筆者は、2008（平20）年4月から翌年3月までの1年間、在外研究のためにイギリスに滞在し各地の博物館を調査した。ソーシャルインクルージョンについては、当時すでに様々な試みが行われていた。とくに、ロンドンで移民が多く住む地域の博物館ではそうしたインクルーシブ（包摂的）な活動が活発に行われていたので、そのいくつかを紹介する。

　ロンドン南部のクロイドン区は、人口が約33万人とロンドンを構成する32の区のなかで最も多い。1980年代からヨーロッパやアフリカなどからの難民の増加により、人口の約30％以上がマイノリティである。

　クロイドン博物館（Croydon Museums Service）の設立準備に携わった中心人物のサリー・マクドナルド（Sally McDonald）は、これまで博物館に訪れることのなかった人たちの生活にとって博物館を身近な場にすることに配慮

198 第Ⅲ部　持続可能な福祉社会をめざす博物館

した。そのため、準備作業の最初の段階で住民へのインタビュー調査を実施した。調査によって、住民はこれまでの伝統的な博物館を望んではおらず、何かこれまでとは違う刺激的なもので、彼らの日常生活や実在の人々に関連することに関心をもっているということがわかった。

　その後、ミュージアム・サービスは展示テーマを「人々の生涯」（Lifetime）とし、クロイドンという地域コミュニティの多様性を明らかにするために、教育、食料、性、犯罪、交通などをサブテーマにして、住民に呼びかけて資料収集を行った。モノにまつわる歴史や話題についてもインタビューを記録化し、関連する写真を複写した。収集した実物資料は370点、録音資料は800件に達した。こうして、1830年から現代までの地域に所縁のモノや個人の歴史をテーマにした「人々の生涯」展示が、1995（平7）年3月にオープンした。

　展示では、人種、職業、性、年齢、キャリアなど様々な個人史が展示されている。インド・アフリカ・中国・東欧などから移住した人々や、会社員、地元議員、ビル工事現場のマネージャー、店員、博物館職員、ダンス教師、警察官、バスの運転手、食料品店経営者、靴職人、同性愛者などを取り上げている。さらにワーキング・クラスやミドル・クラスのように階層別コミュニティも取り上げている。こうして同館は、インクルーシブなテーマを扱う先駆的な博物館としてスタートした。その後、宝くじ基金（Heritage Lottery Fund）から100万ポンドの資金を得て、2006（平18）年にリニューアルした（Museum Associations 1996, Peter Lewis 2007, 金山 2009a）。

　ロンドン北部のハックニー区（London Borough of Hackney）も移民の多い地域である。ハックニー博物館（Hackney Museum）の常設展示は1800年代から現代までのハックニーの人々の生活、移動、仕事をテーマにしている。世界中からの移民がハックニーに住むようになってからの生活史を展示している。筆者が訪れた時、マネージャーは、ここは社会的中立の立場なので政治的テーマは扱わないが、マイノリティやアルコール依存症の問題は扱うといっていた。開催中の企画展は、黒人の暮らしや仕事などに関するキャリアヒストリーをテーマにしたものであった。

　ロンドン博物館（Museum of London）では、「ホームレス展」という企画展が行われていた。ホームレスの生活や社会復帰した経験などが紹介されてい

た。ホームレスは更生施設で日記や詩を書く。このことがこれからの自分の可能性に挑戦する思いになるそうである。展示は当事者たちの実名入りで、インタビュー映像も放映されていた。この企画展は、ホームレスになった人達の事情を伝えるだけでなく、ホームレスのケアデザインに向けた取り組みを紹介するとともに、この問題の解決に向けて、博物館と来館者がともに取り組んでいこうというメッセージが込められていた。また、同館では博物館スタッフがコーディネートをして、刑務所の受刑者を対象にアーティストがワークショップをしたこともある。

　ロンドン以外の都市でも、バーミンガム博物館（Birmingham Museum and Art Gallery）では「ヘアー展」という企画展を見学した。人種ごとの髪の毛の特性や、文化的な視点から髪型をみることや、さらに理髪や美容店の職業人のキャリアを紹介しながら、様々な人種や民族が共存する社会を描き出していた。

　このようなインクルーシブ（包摂的）な博物館活動を実際に見聞したところ、すでに筆者が携わっていた野田市郷土博物館のように、「博物館を市民のキャリアデザインの拠点」とする考え方と重なることに気がついた。市民としての生き方を支援するために、博物館は多様な人々を受け入れることを前提に、地域の様々な個人やコミュニティを対象とし、個人のキャリア（暮らしや仕事などの人生の軌跡）を取り上げていたからである。

　2014（平26）年1月、野田市郷土博物館の学芸員であった田尻美和子氏は、文部科学省が実施する学芸員等在外派遣制度を利用して「博物館におけるソーシャルインクルージョン」をテーマにしたイギリスの博物館調査を行った（田尻 2016）。ロンドンの博物館では、人種・民族、高齢者、若者、障がい者などをコミュニティ単位で包摂しているケースが多く、そのほかに貧困、無職、受刑者、性的少数者（LGBT）などが多様性（ダイバーシティ）社会の象徴的な存在と考えられている。

　例えば、ソーシャルインクルージョンに最も力を入れている博物館の一つであるロンドン博物館では、イギリス系白人以外のルーツをもつ人種や民族の人達が博物館の調査研究から展示までのあらゆる活動に包摂されるような方策がとられている。また、ダリッジ・ピクチャー・ギャラリー（Dulwich Picture

Gallery）は、Good Times プログラムと称する、高齢者のケアホームの入所者向けに陶芸作家と職員が絵皿づくりのアウトリーチを行ったり、ギャラリーに来館できる高齢者にはガイドツアーなどをしたりしている。ジェフェリー博物館（Geffrye Museum）では、地域の若者たちのユースパネルをもち、イベントなどを企画したり、パンフレットのデザイン審査などの取り組みをしたりしている。同館の看板は、若者との協働を強くアピールするものになっている。

　障がい者に対しては、当事者達に希望や自信をもたせることに関心を寄せているという。ロンドン博物館では、軽度の精神疾患をもつ人たちを対象に、アーティストが指導して作品を制作する Continue Creating というワークショップを行った。ジェフェリー博物館でも過去に聴覚障がい者向けのイベントを実施したことがあるそうである。ホーニマン博物館（Horniman Museum）は地域の教育機関や福祉施設などとの連携をしている。田尻氏が訪れた時には、認知症や精神疾患治療のカウンセリングやリハビリを専門にする福祉施設で働く職員達が、所蔵するコレクションを活用したトレーニングプログラムを受講していたという。

　以上、一例であるが、イギリスの博物館は様々なインクルーシブな博物館活動を行っている。田尻氏は、その上で次のようにコメントしている。まず、現場のスタッフらは、利用者らに対して、ソーシャルインクルージョンという言葉を使うことは決してないという。ソーシャルインクルージョンとは、事業ではなく、博物館を運営する上で対象者に対する考え方をいう。また、これらインクルーシブな活動は外部からはみえにくい。筆者がみたような展示例を除けば、地域のコミュニティの人々を対象としたプログラム自体を一般の来館者が目にすることはあまりない。また、効率性の面からいえばコストが高くつくことをあげている。それでも社会的責任をもち、ひたむきに実践しているという。

3. "社会的共通資本" になる博物館とは

　"社会的共通資本" とは、その定義を正確に語ることは難しいが、経済的な合理性や効率性では計ることのできない、人びとが幸せに暮らしていく上で必要なものをいう。経済学者の宇沢弘文は、社会的共通資本には、自然環境や、

道路や交通機関などの社会的インフラストラクチャー、行政や教育、医療など の制度資本があるという。教育を例にあげると、学校教育は一人ひとりの子ど も達がもっている先天的・後天的能力、資質をできるだけ伸ばし、個性豊かな 人間として成長することを助けるもので、市場的原理を無批判に適応して競争 原理を導入したり、教育勅語の精神を復活させて官僚的基準で学校教育を管理 したりするような動きに警告を発している。社会的共通資本の考え方は、リベ ラリズムの理想が実現される社会を目指している（宇沢 2000）。この考え方は、 イギリスで実践されているソーシャルインクルージョンと概念的に重なるもの である。

　社会的共通資本といえる博物館とは、経済的な効率性や合理性を至上価値や 絶対的な基準にするものではない。他のインフラストラクチャーや、制度資本 などと同じように、社会に開かれた、人々に居心地の良い場を提供するもので ある。社会的共通資本としての博物館は、手間や時間をかけても、人々が協力 しあうプロセスに価値をおく。その過程で、それぞれの個人が達成感や自己承 認の欲求を満たすことができ、コミュニティの一員として認められることもあ る。GDP（国内総生産）などのような数値を上げることを国民の豊かさの指 標とするのではなく、一人ひとりが幸せを感じることのできるリベラルな社会 を、社会の一構成員として目指すのである。

　田尻氏がロンドンの博物館のスタッフ達と意見交換をしたところ、コミュニ ティ連携部門のスタッフ達は、野田市郷土博物館の寺子屋講座と市民の文化活 動報告展に高い関心を示したという。それは、ロンドンの博物館のソーシャル インクルージョンに多くの面で類似しているからである。

　イギリスのインクルーシブな博物館や、野田市郷土博物館が実践している キャリアデザインに共通することは、博物館が次のような姿勢をもっているこ とである。また、国内のほかの博物館でもいくつかの類例があるので、その要 点を整理してみると次のようになる。

1　多様な個人やコミュニティを受け入れる

　野田市郷土博物館が掲げる「市民のキャリアデザインの拠点」においては、 地域コミュニティを構成する多様な人達が対象となる。家族をはじめ、学校、

202　第Ⅲ部　持続可能な福祉社会をめざす博物館

商工業者、農業者、市民団体、医療・福祉関係者などや、地域で孤立している人達にも目を向けている。ロンドン博物館のように、ニートや精神的疾患をもつ人達や受刑者を対象にすることはないが、一般的に日本の博物館がこれまで対象としなかったコミュニティを対象として包摂するという意味においては類似している。

　東京都小金井市の江戸東京たてもの園では、閉園の危機にあった同園を再生させるために、ボランティアや友の会のほかに、伝統工芸の職人、地元の商工会など、博物館と連携する全ての人達を「住民」として大括りして、住民達が「たてもの園で暮らす」というストーリーに仕立てあげることを試み、再生させることができた。その経験をもとに、学芸員の佐々木秀彦氏は、個人にとって、家族や職場とも異なる「第三の場所としてのコミュニティ」が博物館にも求められていることを指摘している。この動きは、その後に北海道開拓の村の活動にも引き継がれたという（佐々木秀 2013）。

　沖縄県名護市の名護博物館も、インクルーシブな博物館だといえる。2016（平28）年7月に筆者は同館を訪れた。学芸員の村田尚史氏によると、同館のミッションは、「ぶりでぃ」（皆の手という意味）という言葉がキーワードになっているように、「みんなでつくる博物館」からスタートした。そのために、地元の様々な人達が博物館の運営に関わりをもっている。

　その一例を紹介すると、「ぶりでぃ子ども博物館」という子どもを対象にした体験講座では、博物館や教育関係者以外に、稲作農家、豆腐づくりをする名人、建築家、染色家、画家、役場職員などが講師になっている。また、常設展示している、アグー（黒豚）やヤギの剥製、クジラの骨格標本などは、学芸員ばかりでなく地域の人達も協力して製作している。

　最近では、市の社会福祉担当のセクションと連携して、就労支援のためのトレーニングの場を提供しているという。標本づくり、骨格標本の洗浄などをしたり、可能ならば子どもの相手になったりもする。先方の職員がつき添う一方で、博物館は職員との意思疎通をはかることや、作業のコーディネートを担当する。作業を通して、達成感を得ることを目的にしている。

2 居心地の良い空間

野田市郷土博物館の寺子屋講座では、講師が参加者と自由に意見交換できる居心地の良い場となるように配慮している。講師が自分のキャリアを一方的に語って終わるのでなく、お茶を飲みながら懇談する。自らのキャリアを振り返ることや、自分の人生や生き方を自己承認する機会になっている。参加者からも、意見交換が自由にできることで、人生や生き方を考える上で参考になったという意見が寄せられる。

ロンドンのダリッジ・ピクチャー・ギャラリーの高齢者向けのギャラリーツアーでは、作品の解説をする講師と参加者たちが自然に対話し、ツアー後には「お茶の時間」がある。講師と参加者達は、お茶を飲み、クッキーを食べながら作品の感想や情報交換を自由に行っている。

名護博物館も、やはり利用者にとって居心地の良い博物館になっている。隣接する小学校の生徒達は、裏道から博物館の敷地を通り抜けて行き来することができる。そのために下校時や学校が休みの日には、博物館ホールの休憩スペースは子ども達のたまり場になる。ホールには、川の生き物を水槽にいれて展示している。亀やウサギなども飼育している。子ども達は、ホールに置かれている、手作りの玩具を使って自由に遊ぶこともできる。時々、カメ小屋の清掃なども手伝う。

この休憩スペースは、友の会の人達が打ちあわせをする場にもなっている。博物館スタッフの作業スペースにもなる。何となくふらっとやってくる地元の人もいる。いろいろな人々が同居する癒しの空間にもなっている。勤務時間後の夜間には、スタッフや友の会以外に地元の人達も加わり、飲食をともにしながら博物館や地域のことを語りあう場になることもあるという。

3 対等な人間関係により協働する

スタッフと参加者たちが対等な関係で対話をすることに加えて、協働することが大切である。野田市郷土博物館の寺子屋講座は、講師になる人の人生や仕事の経験の引き出し役を学芸員が務めている。事前に度重なる打ちあわせを行うことも珍しくない。その過程を経ることによって、自分のキャリアを整理することができるようになり、寺子屋講座の本番に臨むわけである。経験が多様

であれば、価値観や考え方も多様である。対話のプロセスは、それらをお互い
に認めあうことになる。

　市民の文化活動報告展も同じように、企画段階から学芸員と住民グループの
メンバーらが、対話を繰り返しながら作業が進められる。資料の選別や展示技
術などの専門的なことについては、学芸員がアドバイスをするが、展示をする
主体は住民グループであり、学芸員はその引き出し役となる。

　田尻氏によると、イギリスの博物館でもスタッフや講師は参加者と対等であ
るように様々な配慮や工夫がされているという。例えば、ギャラリーツアーで
は作品の見方や歴史的な背景については説明があるが、感想や解釈はあくまで
参加者に委ねられる。ワークショップでも、参加者はスタッフから、出来上がっ
た作品で何を表現したかったのかを問われる。つまり単なるギャラリーツアー
から、ディスカッションやグループワークを伴うようなプログラムに至るまで、
参加者の側も多くの意見を発信する機会を得ることができるのである。

　その最たるものがロンドン博物館で、マイノリティの声を採り入れた展示の
共同制作であろう。これらのプロジェクトでは、調査から展示物の選定や制作
までを学芸員ではなく、博物館の外からの意見によって作り上げているという。
それは地域住民のグループであったり、マイノリティの若者達であったりする。
ロンドン博物館では、プロジェクトの成功は、博物館にとっての成果ではなく、
それに関わった参加者自身のものとして捉えている（田尻　2014）。

4　博物館のコレクションを活用する

　コレクションは博物館や学芸員のためだけのものではなく、利用者のための
ものでもあるという意識をもつことが大切である（金山　2009b）。コレクショ
ンの調査や研究、その解釈、展示は、従来博物館スタッフだけで行われてきた。
しかし、ロンドン博物館の展示の共同制作では、これらの作業プロセスに利用
者が中心的に関与している。コレクションは、利用者が自らの思いを表現し、
人生を豊かなものにしていくための手段である。野田市郷土博物館の市民の文
化活動報告展や寺子屋講座でも、所蔵資料（職人の道具、古文書、絵図、昆虫
標本、生活道具など）を活用して展示や講座を行っている。

　ホーニマン博物館では、コレクションをハンズオン・ベースという専用の活

動室で公開し、調査研究やクリエイティブな活動に利用できるようにしている。これは、申し込みをし所定の手続きをとれば誰でも利用できる。ロンドン博物館の考古学センターは利用者がアクセスして収蔵庫内のスペースで資料を閲覧することができるし、野田市郷土博物館でも閲覧希望者にはコレクションを公開している。このように利用者が希望すれば、コレクションにアクセスできることも大切である。

　これまでの国内の博物館にも、インクルーシブな意味で利用者がコレクションを活用するような類例がある。例えば北名古屋市歴史民俗資料館「昭和日常博物館」では、昭和時代の生活品のコレクションを高齢者の健康維持や認知症の予防のための回想法事業に用いている（市橋 2014）。また、東京都渋谷区の私立美術館ギャラリー TOM は、1984（昭59）年に視覚障がい者が彫刻に触れて鑑賞することができる美術館として創設されたものである。

　博物館が、その基本的な仕事（資料の収集、整理保管、調査研究、教育普及）をこなすことは当然のことであるが、さらに社会的共通資本となるためには、これまでみてきたような１〜４の姿勢をもつことではないだろうか。

　このことは、博物館以外の施設や機関でも同様であり、社会的共通資本となるそれぞれの役割を担うことが望まれる。それらにおいても１〜３の姿勢をもちつつ、４はそれぞれの施設や機関が有する特徴的な機能を発揮するということになろう。社会教育施設（図書館、公民館）や、市役所、保健センター、劇場、コミュニティセンター、病院といった様々な公共施設などにも波及して、コミュニケーションや相互の意思疎通をはかるために対話と連携が地域に拡大してゆくことは、持続可能な福祉社会を構築するために必要なことである。

４．公立博物館の運営を見直すために

　博物館は、果たして地域や地方を再生するために、子どもや若年者、中高齢者などにとって必要とされる拠点になることができるのだろうか。博物館のもっている資源や可能性を最大化することができれば、それは決して不可能なことではない。

　ただし、ここでの再生とは、経済発展することや人口を増加させることでは

なく、これまでの地域や地方を持続可能なものにしていくことを意味している。農村部ばかりでなく地方都市でも少子高齢化による人口減少が急速に進んでいる。少子化を改善することができなければ、現状を維持することも減少の速度を緩和することもできない。そのために個々の地域や地方に即した現実的な処方箋を用意することが必要である。自治体、企業、地域、そして市民がまずは持続可能な福祉社会をつくるという意識を共有することや、それを実現するために一定の方向性を確認し、やれることから取り組んでいくことである。

　その流れのなかで、博物館はどのような役割を果たしてゆくことができるのだろうか。

　公立博物館の運営を見直すために必要なことは、大きく次の3点である。

　一つめは、これまでみてきてわかるように、博物館の良し悪しは、直営や指定管理者という運営形態によって決められるものではないということである。では、健全な博物館の基準とは何を根拠にするのだろうか。

　筆者が学生時代に博物館学を学んだ頃には、「学芸員は専門分野の一流の研究者になることである」といわれていた。学芸員にとって、博物館は学問の「殿堂」のような存在であったからである。学芸員の専門分野と本人の興味や関心をもとに調査研究をすることを第一にして、来館者のサービスや地域との関わりは二の次で、入館者数についてはほとんど話題にならなかった。公立館ならば学芸員は公務員であるから自動的に定年まで在職できる。役所によっては他の部署との人事交流もあるが、専門職採用であればほとんどない。こういっては語弊があるかもしれないが、最低限の仕事をしていれば身分や生活するための賃金は保障されていたのである。

　しかし、指定管理者制度が導入されるようになり、経費削減や効率化が求められるようになった。学芸員はフルタイムの雇用でも有期雇用職員となり、指定管理期間が雇用期間になる。継続的な雇用が保障されず、公務員に比べて賃金や待遇面での格差も著しい。さらに、投入経費に対して入館者がどのぐらいであったか、収益率などを効率化することが求められるようになっている。

　一方、直営館では行政改革により経費や職員の削減が求められており、事業費が大きく削減された館が多い。また、職員も定年後には正規職員が不補充になり、非正規職員になる館も多い。指定管理館と同様、投入経費に対して入館

者がどのぐらいであったか、収益率などの効率化が求められるようになっている。

さらに、経費の削減により、博物館の施設設備の老朽化対策が著しく遅れていることも、今後の博物館運営にとって大きな障害になるものと思われる。

健全な博物館とは、まずは、そこで働く学芸員など職員にとって安心して働くことのできる職場であることである。次は、利用者に喜んでもらえるような博物館であること。そして、地域に貢献する博物館になることである。つまり、近江商人の心得として知られる「三方よし」という、「売り手良し」「買い手良し」「世間良し」の三つの「良し」の精神を実践することのできる博物館になることである。

二つめは、博物館の運営を見直すといっても、何からはじめればよいのか、それをスタートするために起点をどこに置くかという問題である。

この問題については、これまでの公立博物館の運営は行政が主導的な役割をはたしてきたという経緯がある。文化行政ではしばしば抽象的な理念や不明確な政策目標を掲げて、先進的といわれる自治体を模倣しつつ、前例を踏襲することが行われてきた。博物館についていえば、「地域の文化創造や発展……」というような抽象的な設置理念や、政策目標についても「資料の収集・保管・公開……」というように博物館法の条文の一部をそのまま示したものもみられる。特別展・企画展・講演会・野外見学会などの事業は、定型的・前例踏襲的なものになりがちであったことも否定できない。国がモデルを示せば、それに追従することもしばしばであった。

最近、ある町立博物館の館長と話したところ、文部科学省の動きを斟酌して企画展のテーマを考えているということであった。また地方の指定都市の市美術館協議会でも、本庁の部長は東京オリンピックに向けて美術館の事業企画を検討していくと発言していた。つまり、現在でも公立博物館の運営の起点は、行政側にあって、地域や住民の側にはほとんどないといってよい。

このことは行政ばかりでなく、博物館の関係団体や博物館学研究者とされる人達でもほぼ同じことがいえる。その人達の見解はしばしば本質的に守旧的で博物館の権益を維持しようとする傾向がある。社会ニーズが変化しているにもかかわらず、自分達のこれまでの考え方を根本では見直そうとしないからであ

208　第Ⅲ部　持続可能な福祉社会をめざす博物館

る。

　もっとも、住民の側にも問題はある。博物館に限らず、行政に依存する体質から抜け切れないでいるところがある。博物館に対しても、住民たちが「私たちの博物館」という意識や取り組みは少なく、博物館はサービスを提供してくれる施設という意識が強い。

　博物館の運営を考えるためには、こうした根本のところの発想を転換することがどうしても必要になってくる。第Ⅱ部で紹介した松本市立博物館や新潟市新津鉄道資料館などのように、自治体と市民とが連携し協働しながら、地域のために必要な博物館を一緒につくることを目指すことである。そのことを起点にすることによって、地域の人々がより良く生きることに貢献する博物館にすることができるのである。

　三つめは、地域の実情にあわせた公立博物館の運営方式を、自治体と市民が一緒になり考えて判断することである。博物館を取り巻く地域の歴史や風土ばかりでなく、博物館に関わる人たちも地域ごとに事情が異なる。地域にとって、博物館を誰が運営するのが良いのかを、皆で考えて判断することである。行政も市民も知恵と工夫と覚悟が求められる。

　指定管理者制度の導入によって、市民が博物館の運営に関わる時代になり、行政主導で運営されてきた公立博物館の運営のあり方が大きく変化するようになった。NPOや企業でも、あるいは財団法人であっても民間の立場から行政と協議しながら、公立博物館の適正な運営を考えることができる。指定管理者制度は、公立博物館を運営する一つの手法であり、その成否は設置者と指定管理者とが協働することにより、うまく使いこなすことができるかどうかにかかっているのである。

引用・参考文献

浅沼政誌 2010「指定管理者制度『島根方式』による博物館運営」『博物館研究』第45巻
　　第10号

石川貴敏 2016「博物館のリニューアルについて」『日本の博物館総合調査研究：平成27
　　年度報告書』（平成25〜27年度　日本学術振興会（JSPS）科学研究費助成事業 基盤
　　研究（B）課題番号25282079）

石巻市ホームページ「仮設住宅一覧（平成28年4月1日現在）」
　　http://www.city.ishinomaki.lg.jp/cont/10401200/list_280301.pdf

市橋芳則 2014「分科会 高齢化する社会と博物館」『博物館研究』第49巻第3号

伊藤寿朗 1986『地域博物館論〜現代博物館の課題と展望』『現代社会教育の課題と展望』
　　（長浜功編）明石書店

伊藤寿朗 1993『市民のなかの博物館』吉川弘文館

伊東光晴 2016「ゼロ成長前提の政策を」『東京新聞』2016年6月22日

岩井裕一 2013「公立美術館が持ち得るホスピタリティで、様々な鑑賞の場を提供して
　　いきます。」『エネルギア地域経済レポート』No. 468

上山信一 2012『住民幸福度に基づく都市の実力評価』（上山信一監修、玉村雅敏副監修、
　　千田俊樹編著）時事通信社

宇沢弘文 2000『社会的共通資本』岩波新書

NPO法人文化資源活用協会 2011『津金一日学校』
　　http://www.tsugane.jp/meiji/1dayschool/image/book2011.pdf

大川　真 2016「吉野作造記念館」『公立博物館・美術館における指定管理者制度の調査
　　研究』（金山喜昭編著）法政大学資格課程
　　https://shikaku.i.hosei.ac.jp/

香川県 2015『平成26年度主要施策の成果説明書』

加藤有次 1977『博物館序論』雄山閣

金山喜昭 2009a「まちづくりと市民のキャリアデザイン（4）—市民の要望による地域
　　博物館とは—」『法政大学キャリアデザイン学部紀要』第6号

金山喜昭 2009b「英国の博物館事情〜コレクション・マネジメントの現場から〜」『ミュ
　　ゼ』87号

金山喜昭 2012『公立博物館をNPOに任せたら—市民・自治体・地域の連携—』同成社

神田正彦 2016「多摩六都科学館組合」『公立博物館・美術館における指定管理者制度の
　　調査研究』（金山喜昭編著）法政大学資格課程

210 引用・参考文献

https://shikaku.i.hosei.ac.jp/

窪田雅之 2016「松本まるごと博物館の"まちづくり"」『地域づくり再考　地方創世の可能性を探る』（松本大学 COC 戦略会議編）松本大学出版会

気仙沼市ホームページ「【被害の状況】平成28年２月29日現在」
http://www.city.kesennuma.lg.jp/www/contents/1300452011135/index.html

小林真理 2004「制度の概要と導入の問題点」『指定管理者制度で何が変わるのか』（文化政策提言ネットワーク編）水曜社

小林真理（編著）2006『指定管理者制度　文化的公共性を支えるのは誰か』時事通信社

これからの博物館の在り方に関する検討協力者会議 2007『新しい時代の博物館制度の在り方について』

堺市ホームページ「平成27年度　第３回　堺市博物館活性化戦略会議　議事録」
https://www.city.sakai.lg.jp/kanko/hakubutsukan/senryaku_meeting/27-3rdmeeting.html

佐々木亨 2011「自治体博物館の運営—運営環境の変化と指定管理者制度の導入」『都市問題』2011年11月号

佐々木秀彦 2013『コミュニティ・ミュージアムへ—江戸東京たてもの園の再生の現場から—』岩波書店

佐々木光雄 1979「東北歴史資料館—５年間の歩み—」『博物館研究』第14巻第８号

佐藤光一 2014「巻頭言　リアス・アーク美術館開館20周年に思う」『リアス・アーク美術館開館20周年記念特別展　震災と表現』リアス・アーク美術館

佐藤貴虎 2004「イギリスにおけるソーシャル・インクルージョン—日本における生涯学習の課題—」『生涯学習研究と実践：北海道浅井学園大学生涯学習研究所研究紀要』6

島根県 2014『島根県報』号外第109号

島根県立古代出雲歴史博物館 2016『島根県立古代出雲歴史博物館 平成27（2015）年度年報』

市立市川考古博物館 2015『市立市川考古博物館　館報』第42号
http://www.city.ichikawa.lg.jp/edu14/1111000001.html

市立市川歴史博物館 2009〜2015『市立市川歴史博物館館報』平成19〜25年度
http://www.city.ichikawa.lg.jp/edu15/1111000005.html

杉長敬治 2015a「公立博物館、指定管理館と直営館の現状と課題—事業成果、経営資源、経営力の比較を中心に—」『日本の博物館総合調査研究：平成26年度報告書』（平成25〜27年度　日本学術振興会（JSPS）科学研究費助成事業　基盤研究（B）課題番号25282079）

http://www.museum-census.jp/report2014/report2-2.pdf

杉長啓治 2015b『日本の博物館総合調査研究：基本データ集』

http://www.museum_census.jp/data2014/

杉長敬治 2015c「博物館の職員配置と学芸系職員の雇用状況―職員数・人件費・学芸系
職員の年齢構成と雇用形態の現状―」『日本の博物館総合調査研究：平成26年度報
告書』（平成25～27年度　日本学術振興会（JSPS）科学研究費助成事業　基盤研究（B）
課題番号25282079）

http://www.museum-census.jp/report2014/report1.pdf

杉長敬治 2016「博物館の老朽化問題の現状と課題―老朽化する施設設備とリニューア
ルの取組の遅れ―」『日本の博物館総合調査研究：平成27年度報告書』（平成25～27
年度 日本学術振興会（JSPS）科学研究費助成事業　基盤研究（B）課題番号25282079）

http://www.museum-census.jp/report2015/report1-2.pdf

ジョセフ・E・スティグリッツ、アマルティア・セン、ジャンポール・フィトゥシ 2012
『暮らしの質を測る―経済成長率を超える幸福度指標の提案』（福島清彦訳）一般社
団法人金融財政事情研究会

炭谷　茂 2004「ソーシャルインクルージョンの考え方」『ソーシャルインクルージョン
と社会企業の役割―地域福祉計画推進のために―』（炭谷茂・大山博・細谷信孝編
著）ぎょうせい

瀬戸内海歴史民俗資料館編 2003『開館30周年記念史：昭和48年度（1973）～平成15年
度（2003）』瀬戸内海歴史民俗資料館

アマルティア・セン 2006『人間の安全保障』（東郷えりか訳）集英社新書

総務省自治行政局公務員部給与能率推進室 2016『平成27年　地方公共団体定員管理調
査結果』

総務省ホームページ①「平成の合併による市町村数の変化」

http://www.soumu.go.jp/gapei/pdf/090416_09.pdf

総務省ホームページ②「片山総務大臣閣議後記者会見の概要（平成23年1月5日）」

http://www.soumu.go.jp/menu_news/kaiken/02koho01_03000154.html

高田みちよ 2016「NPOへの博物館指定管理者移行に伴う課題と成果」『日本ミュージ
アム・マネージメント学会研究紀要』第20号

高槻市ホームページ「高槻市の人口（平成27年12月末現在）」

http://www.city.takatsuki.osaka.jp/shisei/profilekeikaku/tokeijoho/jinko/jinkou_
h27/1452753629211.html

竹内順一 1985「第三世代の博物館」『冬晴春華論叢』3号（瀧崎安之助記念館編）

田尻美和子 2014「博物館におけるソーシャルインクルージョン活動～ロンドン博物館

の活動に学ぶ〜」『ミュゼ』107号

田尻美和子 2016「ロンドンのミュージアムにおけるソーシャルインクルージョンと野田市郷土博物館」『野田市郷土博物館・市民会館年報・紀要（2014年度）』

田中　啓 2010『日本の自治体の行政改革』財団法人自治体国際化協会、政策研究大学院大学　比較地方自治研究センター

田村光規・須崎幸夫 2016「博物館と文書管理主管課の連携による公文書・地域史料の保存と活用」『全国歴史資料保存利用機関連絡協議会会報』No. 99

千葉県ホームページ「平成23年千葉県内市町村の給与水準及び給与制度について」
　　http://www.pref.chiba.lg.jp/shichou/press/2011/h23-kyuuyo.html

東北歴史資料館 2015『東北歴史資料館平成26年度年報』

徳野貞雄 2007『農村の幸せ、都会の幸せ』NHK 出版

内閣府 NPO ホームページ
　　https://www.npo-homepage.go.jp/

中川幾郎 2004「地域の公立文化施設の課題—有効性、公共性を通じて」『指定管理者制度で何が変わるのか』（文化政策提言ネットワーク編）水曜社

中川幾郎 2006「地方自治体における指定管理者制度導入の論点—ニューパブリック・マネージメント型思考を超えて—」『国際公共政策研究』11（1）

中川幾郎 2011「公共文化施設と指定管理」『ガバナンス』第119号

中之条町誌編纂委員会 1978『中之条町誌第３巻』中之条町役場

新潟市 2012『新潟市新津鉄道資料館活性化基本計画（案）』

新潟市潟東歴史民俗資料館・潟東樋口記念美術館 2014『もう一度見たい尾竹三兄弟と金子孝信の作品展　展示図録』西蒲区文化施設を運営する市民の会

新潟市文化観光・スポーツ部文化政策課 2012a『文化施設のあり方検討　西蒲区報告書』
　　http://www.city.niigata.lg.jp/kanko/bunka/bunkagyousei/arikata-kentou.files/nishikan-houkoku.pdf

新潟市文化観光・スポーツ部文化政策課 2012b『文化施設のあり方検討　秋葉区報告書』
　　http://www.city.niigata.lg.jp/kanko/bunka/bunkagyousei/arikata-kentou.files/akiha-houkoku.pdf

新潟市ホームページ「年齢（５歳ごと）町名別住民基本台帳人口」（平成24年９月）
　　https://www.city.niigata.lg.jp/shisei/gaiyo/profile/00_01jinkou/jyuuki5saigoto.html

新津鉄道資料館活性化検討委員会 2012『新潟市新津鉄道資料館活性化基本計画策定に向けた提言書』
　　http://www.city.niigata.lg.jp/shisei/gyoseiunei/fuzokukikan/sonota/bunka_sport/

rekishibunka/n-tetsudou.files/teigensho1.pdf

日本学術会議 2007「声明　博物館の危機をのりこえるために」

日本博物館協会 2000『「対話と連携」の博物館―理解への対話・行動の連携―』

日本博物館協会 2005『博物館総合調査報告書』

日本博物館協会 2009『平成20年度文部科学省委嘱事業　日本の博物館総合調査研究報告』

布谷知夫 2005『博物館の理念と運営―利用者主体の博物館学―』雄山閣

布谷知夫 2016「博物館にとっての住民参加型調査の意義」『全日本博物館学会第42回研究大会発表要旨集』

桧森隆一 2008「指定管理者制度」『行政の解体と再生』（上山信一・桧森隆一編）東洋経済新報社

広井良典 2001『定常型社会―新しい『豊かさ』の構想』岩波新書

広井良典 2006『持続可能な福祉社会』ちくま新書

広井良典 2009『コミュニティを問いなおす』ちくま新書

福田義治 2013「中之条町歴史と民俗の博物館『ミュゼ』の紹介」『アーカイブズ』50号

舟場正富 1998『ブレアのイギリス―福祉のニューディールと新産業主義―』PHP新書

ブルーノ・S・フライ 2012『幸福度をはかる経済学』（白石小百合訳）NTT出版

北杜市 2010「北杜市郷土資料館　再編活用計画について」

増田寛也 2014『地方消滅　東京一極集中が招く人口急減』中公新書

松岡資明 2011『アーカイブズが社会を変える』平凡社

松戸市立博物館 2014『松戸市立博物館年報』第22号

宮城まり子 2002『キャリアカウンセリング』駿河台出版社

宮本太郎 2009『生活保障―排除しない社会へ―』岩波新書

毛利和雄 2008『世界遺産と地域再生』新泉社

山内宏泰 2014『リアス・アーク美術館常設展示図録　東日本大震災の記録と津波の災害史』リアス・アーク美術館

山口武夫 2012『思い出の記』（自費出版）

吉田　豊 2016「堺の国際性と日本美―さかい利晶の杜展示館の企画・設計―」『堺市博物館研究報告』35号

読売新聞 2005.9.8「（社説）指定管理者制度　地域の活性化に生かせるか」

Museum Associations 1996 Lifetimes; Croydon Clocktower. Museum Practice Issue2

Peter Lewis 2007 Tower Strength; Museum of Croydon. Museum Journal, January

214 引用・参考文献

基本データ

金山喜昭編著 2016『公立博物館・美術館における指定管理者制度の調査研究』法政大
　学資格課程
　　https://shikaku.i.hosei.ac.jp/
『日本の博物館総合調査：基本データ集』（平成25〜27年度 日本学術振興会（JSPS）科
　学研究費助成事業 基盤研究（B）課題番号25282079）
　　http://www.museum-census.jp/data2014/
『日本の博物館総合調査研究 平成25〜27年度：平成26年度報告書』（平成25〜27年度 日
　本学術振興会（JSPS）科学研究費助成事業 基盤研究（B）課題番号25282079）
　　http://museum-census.jp/report2014/
『日本の博物館総合調査研究 平成25〜27年度：平成27年度報告書』（平成25〜27年度 日
　本学術振興会（JSPS）科学研究費助成事業 基盤研究（B）課題番号25282079）
　　http://museum-census.jp/report2015/

あとがき

　2016（平28）年7月、筆者は沖縄県の那覇市から名護市に向かう高速バスのなかで、小学5年生の少年と知りあいになった。彼はバス停で母親に見送られて乗車した。一人で名護の叔母さんのところに泊まりに行くということであった。1時間ほど少年と話をしながら楽しい時間を過ごすことができた。野球をやっていることやお祖父さんとよく釣りに行くこと、どんな魚が釣れるのかなど、いろいろなことを話してくれた。私がこれから「名護博物館に行くんだけど行ったことがある」と問いかけると、少年はイキイキした目で「うん、何度も行ったことがある」と答えた。それを聞いて少し嬉しくなった。那覇に住んでいる少年が博物館に何度も足を運んだことがあるというからだ。きっと地域の人達に親しまれている良い博物館なのだろうと思った。

　実際に同館を訪れると、本書でも触れた通り、雰囲気のある居心地の良い博物館であった。開館時から地元の人々が協力して博物館をつくりあげることを目指しているという。

　全国の博物館を現地調査することにより、多くのことに気づかされた。その一つは、必ずしも入館者数が多ければ良いというものではないということである。博物館にはそれぞれ適正な入館者数というものがある。ミッションをもち、それを達成するために、保有するヒト、モノ、カネなどの経営資源を最大源に活かすことができるかどうかに関わっている。そうして博物館が地域のため、利用者のためになることにより、その結果として入館者数がカウントされるのである。それを無視して入館者数の多さだけを目指すものではない。

　そのためには、発想を転換することが必要である。入館者数だけを評価の重要な指標にするという見方をなくすことである。それに代わり、地域の人々にとって「良い博物館」といってもらえるようになることである。また、良い博物館とは、職員にとっても適正な処遇により、働きやすい職場でもある。

　もう一つは、地方や地域の実情に応じて、それぞれの自治体が中央政府の政策や意向を過度に忖度することなく、地方自治の精神に則り、行政、市民、公益法人、企業などが、どのようにすれば地域の人々が幸せに生活することので

きる社会にしていけるのかを話し合い、地方や地域社会が自律的に判断して
やっていくことである。そのために、本書ではインクルーシブ（包摂的）な社
会づくりによる、持続可能な福祉社会の実現を目指すことを前提にして、博物
館の役割や可能性を示してきたつもりである。公立博物館を指定管理にするの
か、直営にするのか、どのような運営形態にするのかは、その土地の歴史、経
済、社会環境などを踏まえて判断してゆくことである。

　本書が、そのような地域社会づくりのために公立博物館を再評価する契機に
なれば幸いである。

　なお、本書は、2012（平24）年〜2016（平28）年までの『法政大学キャリア
デザイン学部紀要』に掲載した論文や、『ミュゼ』に連載した「指定管理者制
度の現状と課題〜NPO が運営する公立博物館の事例から〜」①〜③、「市町村
合併による公立博物館の行くえ」①〜③、「指定管理者制度を導入した公立博
物館はどのように変わったか」①〜⑥を書き改めるとともに、それ以外の全て
については書き下ろしたものである。

　また、本書で使用したデータは、日本学術振興会（JSPS）科学研究費補助
事業助成研究成果報告書（基盤 B 課題番号：25282079）『日本の博物館総合調
査研究』（平成25〜27年度）に掲載した〈基本データ〉に収録されたものを使
用した。エビデンスとなるデータは、同データの各報告書で公開しているので、
そちらを参照していただきたい。

（謝辞）
　2012年に刊行した拙著『公立博物館を NPO に任せたら─市民・自治体・地
域の連携─』（同成社）を、当時、日本博物館協会顧問（前会長）の中川志郎
先生に差し上げたところ、野田市郷土博物館での新しい連携活動に対して、次
のような評価と励ましの葉書をいただいた。「今、画一的な民間委託、民営化
などにより効率一辺倒の中で推し進められて、真の市民のための文化の停滞は
恐るべきものがあります。その中で野田市の、このうごきはひとつの光明です。
真の連携とは何か改めて考えてみたいと思います」。しかし、残念なことに、
先生はそれから間もなくして急逝された。その後、机の上に、この葉書を置き、
その言葉に勇気づけられながら、ようやく本書を完成させることができた。先

あとがき　217

生のご冥福をお祈りするとともに、改めて先生からのご鞭撻に感謝申し上げる。

　本書の作成にあたり、多くの方々や博物館から協力をいただいた。とくに、現地調査に快く対応していただいた各館の関係者の皆様には心よりお礼を申し上げたい。さらに、本書に掲載するにあたり実地調査した多くの館の皆様には草稿の確認や、データの提供などをしていただいた。とくに、科研費の助成を受けて実施した、法政大学で開催したシンポジウム「公立博物館・美術館の指定管理運営館の現状と課題」に参加していただいた柏女弘道、大川真、高田みちよ、神田正彦、岩井裕一、土井聡朋、佐々木亨の各氏や、ワークショップ「リニューアルとリスクコミュニケーションの現状と課題」に参加していただいた、石川貴敏、水澤喜代志の各氏からは有益な示唆を得ることができた。

　杉長敬治氏には、草稿をお読みいただいて適切なアドバイスをいただき、また、上山信一氏や布谷知夫氏にも貴重なご指摘をいただいた。調査は長期間に及んだが、竹内唯、中臺希実、藤田直人、小町大和、桑間千里、金山友喜の各氏に協力していただいた。データの整理や本書の作成では菅原真悟氏にお世話いただいた。以上の皆様に改めて感謝申し上げたい。

　本研究の一部は、科研費『日本の博物館総合調査研究』（課題番号：25282079、代表者：篠原徹）の助成を受けて実施したものであることを記しておく。

　　　2017年1月3日　　本書を父母に捧げる

　　　　　　　　　　　　　　　　　　　　　　　　　　金山喜昭

<ruby>博物館<rt>はくぶつかん</rt></ruby>と<ruby>地方再生<rt>ちほうさいせい</rt></ruby>

―市民・自治体・企業・地域との連携―

■著者略歴■

金山喜昭（かなやま　よしあき）

1954年東京都生。
法政大学キャリアデザイン学部教授。博士（歴史学）。NPO法人野田文化広場事務局長・理事。
1984年4月に野田市郷土博物館学芸員、同館館長補佐を経て、2002年4月から法政大学文学部、翌年にキャリアデザイン学部へ。2008年4月から翌年3月まで、ロンドン大学UCL（英国）客員研究員。
現在、松本市基幹博物館施設構想策定委員会委員長代理、新潟市新津鉄道資料館運営協議会委員（座長）など、各地の文化施設の運営に協力する。
2013年4月から法政大学キャリアデザイン学部学部長。

主要著書
『地域博物館のソーシャル・マーケティング戦略』（ミュゼ）、『日本の博物館史』（慶友社）、『博物館学入門―地域博物館学の提唱―』（慶友社）、『公立博物館をNPOに任せたら―市民・自治体・地域の連携―』（同成社）などがある。

2017年3月30日発行

著　者　金　山　喜　昭
発行者　山　脇　由　紀　子
印　刷　亜　細　亜　印　刷㈱
製　本　協　栄　製　本㈱

発行所　東京都千代田区飯田橋4-4-8　㈱同成社
　　　　（〒102-0072）東京中央ビル
　　　　TEL 03-3239-1467　　振替 00140-0-20618

© Kanayama Yoshiaki 2017. Printed in Japan
ISBN978-4-88621-756-1 C3030

同成社の博物館関連書籍

公立博物館をＮＰＯに任せたら
―市民・自治体・地域の連携―

金山喜昭著

Ａ５判・194頁・本体1900円

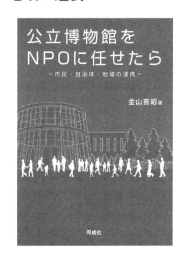

財政難の地方自治体が公共施設運営に苦悩するなか、指定管理者制度を利用し画期的な成果を上げた地域博物館の紹介を通して、市民と自治体が協働して運営するこれからの時代の博物館運営。

【本書の主な目次】
- 第1章　千葉県初の登録博物館の誕生
- 第2章　博物館の再出発
- 第3章　キャリアデザインという考え方
- 第4章　博物館と市民のキャリアデザイン
- 第5章　利用者の満足度が高い博物館を目指す
- 第6章　博物館機能の強化をはかる
- 第7章　市民のキャリアデザイン
- 第8章　市民のキャリアを支援する学芸員の役割
- 第9章　博物館を「評価」する
- 第10章　「政策連携」による成果と展望
- 第11章　他の公立博物館と経営効率を比較する

===== 同成社の博物館関連書籍 =====

新編博物館概論

鷹野光行・西源二郎・山田英徳・米田耕司編

Ａ５判・302頁・**本体3000円**

博物館の歴史と現状について、地域・ジャンル別に丁寧に分析。博物館学の目的や方法、学芸員の役割に関する論考も盛り込む教科書の決定版。

新博物館学 —これからの博物館経営—

小林　克著

Ａ５判・226頁・**本体2800円**

博物館学芸員としての長年の経験を踏まえて、現在の博物館が抱える諸課題を提示し、時代のニーズに合う博物館経営の姿を具体的に描き出す。

博物館で学ぶ

Ｇ・Ｅ・ハイン著／鷹野光行監訳

Ａ５判・298頁・**本体3800円**

ボストンの博物館で教育プログラムの評価・研究に関わってきた著者が、博物館の教育活動を実践する上で必要な視座と方法について論じる。

博物館展示の理論と実践

里見親幸著

Ａ５判・242頁・**本体2800円**

博物館展示の基本概念、展示空間の作り方、照明の技術等について長年博物館展示を手がけてきた著者が豊富な写真と共に平易に解説する。